習近平の思想と知恵

[主編] 陳錫喜
[主審] 張　曦
[編著] 丁暁萍・汪雨申・黄慶橋
[翻訳] 三潴正道

科学出版社 東京

出版説明

　言葉は不思議な力を秘めている。習近平総書記は、一連の講話においてしばしば比喩やエピソードを交えて深遠な道理を詳らかにし、きわめてわかりやすく具体的に、また庶民的な言葉で疑問に答え、中国の優れた文化的伝統・要素を用いて要点を示すとともに、それらを縦横に活用している。つまり、習近平総書記の言葉は平易でありながらきわめて智識に富み、透徹して人心を射抜く力をも秘めているのである。

　例えば、「トラを叩き、ハエを叩く」、「権力を制度という籠の中に入れる」という表現は、イメージ的にわかりやすい一方、その意味するところは深く、一般庶民の喝采を博した。「鉄を打つには自身も硬くあらねばならぬ」、「言いたいことがあればテーブルに載せるべきだ」は簡潔でありながら、生き生きとして力強い。さらに、「大国を治めるとは小魚を料理するようなもの」、「賢者を尊ぶことは政治の大本である」など、常々古典の言葉を引用して自身の経国の理念を明らかにしている。「渺茫たる大海原は果てしなく広がり、帆を上げるは、ひたすら順風に任せる」という詩句でアジア太平洋地域の発展の行く末を描写し、「空虚な談論に耽って仕事をしない」では理論と実際を結びつけて任務に取り組み姿勢を強調した。

　上海交通大学出版社は、社会に貢献することを第一に掲げ、国家の意思を体現し、かつ広範な読者の精神的ニーズを満たす優れた作品を出版することを天職としている。そこでこのたび、習近平総書記の一連の重要講話を学ぶことを通し、より多くの党員・大学生・一般国民が党中央の治政の内容とその思想を自家薬籠中のものとし、中国とは何かを読み解くその一助となるよう、一般大衆に寄り添いかつ広範な幹部・大衆に

喜ばれるような読本を編纂する決定を下した。

　本書は、習近平総書記の一連の重要講話の言語的風格を切り口として、18全大会以降2014年5月までにさまざまな場で発表された講話の中から特色に富む70の言葉を収録、その語源・語義・理論的価値および社会からの反響などについて簡潔・的確な説明を施し、読者が重要講話の精神を学ぶことに対し、新味に溢れ読書意欲をそそる、大衆に根差した読本を提供することを意図している。

　上述の目的に加え、我々はこの本によって、書くことと話すことに対する姿勢を変えることがいかに差し迫って重要であるかを皆さんが認識するよう願っている。広範な党員幹部はこれらの講話に包含されている精神を学ぶとともに、その話しぶりにも学び、役人臭い形式的言辞は極力省き、庶民が理解しやすい言葉を心掛けるべきである。

　本書は、プロローグ、比喩の章、ことわざの章、詩文の章の4部構成となっている。我々は、中国共産党中央宣伝部が編纂した〈習近平総書記一連重要講話読本〉における12のテーマの順序に従って各章の配列を決め、同一テーマの条項については、発表された時系列に基づいて配列した。

　本書を編纂するにあたり、執筆者の陳錫喜、丁暁萍、汪雨申、黄慶橋各氏の一方ならぬご苦労と真摯な取り組みに心から感謝申し上げる。本書は中国共産党中央宣伝部・教育部・国家新聞出版広電総局・上海市委員会宣伝部・上海市新聞出版局などの指導機関から力強いご支援をいただいた。茲に衷心より感謝の意を表したい。また、本書に対する馮剛、王然、徐艶国、朱健、李波、談毅、劉華傑、趙正言などの指導者および専門家の熱心なご指導に感謝するとともに、特に、元浙江省委員会常務委員兼秘書長、浙江大学元党委員会書記張曦氏の閲読審査ならびにご指導に謝意を表したい。

　習近平総書記の一連の重要な講話には幅広い学識と造詣が込められているが、我々の力量不足と限られた時間のために本来収録すべき多くの

内容が漏れてしまったことはきわめて遺憾であり、読者の皆様には何卒
ご寛恕いただきたい。

2014 年 11 月

訳者まえがき

　本書は、陳錫喜主編《平易近人——習近平的語言力量》上海交通大学出版社、2015 年 1 月発行の全訳である。

　「アメリカと並ぶ二大超大国」とまで表現されるようになった中国。その中国がどこへ行こうとしているのか、その指導者、習近平国家主席はいかなる思想でこの国の舵を取ろうとしているのか、に世界の関心が集まっている。

　2012 年の中国共産党 18 全大会で総書記に選任されて以来、習近平は大方の予想をはるかに超える勢いでさまざまな政策に取り組んだ。中でも、「トラ」も「ハエ」も叩く、という思い切った腐敗撲滅運動、政府機関の綱紀粛正や許認可権の整理縮小など、庶民の目線に沿った政策は多くの喝采を浴びた。もちろん、こういった動きには反発もあり、それを権力闘争に絡めて分析・解説する論調もある。

　それはそれとして、中国 5000 年の歴史と王朝興亡史を紐解けば、習近平の取り組みは、まさに「各王朝の『中興の祖』に倣い、自らも『中興の祖』たらんとしている」と言え、過去の事績に学ぶ側面も垣間見られる。また、マルクス・レーニン主義を中国に導入し咀嚼して発展させた毛沢東思想、唯物史観を基本として維持しつつ市場経済を取り込んだ鄧小平理論は、2001 年の WTO 加盟に結実したが、押し寄せるグローバリズムは単に経済システムの変革にとどまらず、伝統・文化そして中国 5000 年の社会構造にまで大きな影響を及ぼし始めている。それは、とりもなおさず、中国という国家と国民に対する根本的な問いかけ、「中国とは何ぞや」にほかならない。これに対して明確な答えを出さなければ、強大な経済力で一世を風靡しても、間違えれば狭隘な国粋主義

に陥り、世界から反発を受けかねない。

　中国の根源はどこにあるのか、中華世界はいかにして構築されたか、20世紀後半以降、中国は国を挙げてこの問題に取り組んだ。1996年には国家プロジェクトとして「夏商周断代工程」が、続いて「中国古代文明探源工程」がスタートし、浙江省の良渚文化や山西省の陶寺遺跡など、紀元前3000年頃の文化の存在と内容が徐々に明らかになり、それら各地の文化が相互に作用しつつ融合して紀元前2000年頃の夏王朝成立につながり、今日の中華文化の基礎を形成されたことも明らかになって来た。さらに、1950年代に袁珂などによって整理された中国古代神話の登場人物、また、『史記』などに登場する三皇五帝に擬せられた神話・伝説上の人物と、古代中国における各部族間の闘争・統合やトーテミズムの融合もこうした研究成果によって関連づけられつつある。春秋戦国時代になぜ「諸子百家」と呼ばれるあれほど豊かな「思想爆発」が起こったのか、そこに至るまでの2000年にも及ぶ歴史のベールが徐々にはがされつつあるといってよい。

　習近平の講話集は、2014年6月までを対象とした『習近平談治国理政』が2014年10月に外文出版社から出ている。これに対し本書は、2012年の18全大会から2014年5月までのおよそ1年半余りに発表された習近平の講話で象徴的に使用された言語表現を収録し、丁寧に解説を加えたものである。この時期は正に習近平の統治思想がベールを脱いだ時期であり、これらの具体的な言語表現がどのような趣旨で引用されているかを分析することは、習近平の思想的根拠を探る第一歩として評価されるべきであろう。

　本書はプロローグを除けば、比喩の章、ことわざの章、詩文の章の三部構成になっているが、とりわけ最後の詩文の章では、四書をはじめとする儒家の経典や、道家・墨家からの引用も多い。「偉大な中華民族の復興」、「中国の夢の実現」は習近平政権の代表的なスローガンであるが、その基本コンセプトを読み解く上で欠かせない材料となろう。

本書の内容はまた、共産党の党員幹部のあるべき姿を明確に打ち出し、その実現のためにいかなる努力をするべきか、を説いた解説書、という側面も色濃い。その内容には習近平の生い立ち、総書記就任に至るまでのプロセスで得たさまざまな経験が投影されており、彼の政策の根底に何があるかを知る上で大変示唆に富む。例えば、現在、高等教育機関で学ぶ学生に対し、積極的に下放して社会の最前線を経験することが大いに奨励されているが、これらの動きに対しては従来、就職難にあえぐ大学生に「都会にばかりしがみつかずに、農村での就職を」と呼びかける政策だ、との見方が根強かった。しかし、本書を読むと、習近平が自身の生い立ちも踏まえ、社会の末端における実地経験をきわめて重視していること、それを人材育成の根本に位置づけていることがわかる。そうであれば、大学生に対する上述の呼びかけも別の側面が見えてくる。

　100年以上にわたる西側列強の蹂躙に喘ぎ傷ついた中華民族の「心の傷」は当然癒されるべきだ。その過程で、中国人は「愛中華文明」と「愛漢民族」と「愛中華人民共和国」を器用に使い分けてきた。その融通性は時にきわめて有用であるが、同時に、中国人はその違いを自らに問い直し、整合性を高める責任も背負っている。

　毛沢東思想、鄧小平理論の延長上で経済の国際化と情報のボーダレス化を受容しつつ、この大国をリードする習近平理論、あるいは習近平思想をいかにして構築するか、その第一歩は、国内国外の現実にどう対処するか、という実用書でもある本書から始まると言えよう。

　なお本書では引用文が多いため、煩瑣を避けるため書き下し文は省き、日本語訳のみ提示した。また、一般読者にわかりやすいよう、思い切って原文は当用漢字に改めた。出典を明示してあるので、必要に応じ参照されたい。

三潴　正道

2018年3月

目　次

プロローグ

"中国夢"——民族の復興と人民の幸福という共通の願い *4*

比喩の章

進んで"硬骨頭"に立ち向かい、"険灘"に挑む——改革は勇気を奮っ
　て思想的障壁と利益構造を打ち破らなければならない *16*

"蹄疾而歩穏"——改革の全面的深化に関する弁証法的思惟 *21*

権力を制度という"籠子"の中に閉じ込める——権力制約監督シス
　テムの整備 *25*

中華民族の"根"と"魂"——中華民族の優れた文化的伝統を継承
　し発揚する *29*

"総開関"をしっかり締める——理想と信念の核心的問題 *33*

核心的価値観は"空気"のようにいかなる場所にも存在する——
　核心的価値観を醸成し発揚する雰囲気を造り出す *37*

中国人は"飯碗"を自分の手に持っていなければならない——
　食糧と社会の安定を保障する *41*

"蛋糕"の創出と"蛋糕"の分配——経済発展と社会的公平は車の
　両輪 *45*

"死水一潭"と"暗流洶湧"——社会が発展する活力と秩序をしっ
　かり保障しよう *49*

都市の"攤大餅"式発展を抑制する——都市建設は科学的プランニ
　ングを *52*

目　次　***ix***

"緑水青山"と"金山銀山"——生態と経済の相互扶助および転化
.... 55

"圧艙石"と"助推器"——世界の平和と安定をともに擁護............ 59

"意大利麺碗"現象の出現を食い止める——アジア太平洋地域に一
層緊密なパートナーシップを構築するべきだ........................... 62

"鈣"と"軟骨病"——信念が曖昧で自己を見失うことによる弊害... 66

"踏石留印"、"抓鉄有痕"——良い気風を確立するにはくじけず粘
り強く.. 70

"老虎"や"蒼蠅"を叩け——不正や腐敗は断固として取り締まる
.... 74

"照鏡子、正衣冠、洗洗澡、治治病"——大衆路線教育実践活動工
作会議の根本的な目標... 78

"接地気"と"充充電"——指導的幹部は社会の中に深く入り、大
衆に学ばなければならない.. 82

"趕考"——党が直面している新しい試練と危機意識..................... 86

"囲城"、"玻璃門"、"無形牆"を打破する——職務上の気風を改め、
大衆と密接に関わる.. 90

"帯電的高圧線"——組織の規律を着実に実行し、厳格に守る......... 94

"抓早抓小，有病就馬上治"——腐敗を退治するには、問題を発見
したら速やかに処理する... 97

"為民服務不能一陣風"——人民に奉仕するには、実際の効果と、
長期にわたる効果的なシステムが必要である......................... 100

指導者が交代するたびに"兜底翻"してはならない——大局を安定
させ、仕事を持続しなければならない.................................. 104

"釘釘子精神"を発揚しよう——大衆工作は、着実に、深く、きめ
細やかに... 108

ことわざの章

"鞋子合不合脚，自己穿了才知道"——路線・理論・制度における
自信をしっかり持つ *114*

"没有比人更高的山，没有比脚更長的路"——粘り強く引き続き改
革を推進する *118*

"開弓没有回頭箭"——断固として改革の目標を実現する *121*

"小康不小康，関鍵看老郷"——農民の収入増加を大いに促進する ... *124*

"舌尖上的安全"——全力で食品の安全を保障する *128*

"基礎不牢，地動山搖"——末端のサポート力と管理能力を高める ... *131*

"路遥知馬力，日久見人心"——ラテンアメリカ諸国との協力と相
互信頼を強化する *136*

"打鉄還需自身硬"——党の自己建設を絶えず強化する *139*

"門難進，臉難看，事難辦"——決して民衆を困らせてはならない ... *143*

"作秀"——民衆を偽ってはならない *147*

"人心就是力量"——大衆路線は党の生命線である *151*

"手莫伸，伸手必被捉"——反腐敗の強い姿勢を堅持する *155*

"新辦法不会用，老辦法不管用，硬辦法不敢用，軟辦法不頂用"
——学習を強化し、技量パニックを克服する *158*

"衆人拾柴火焰高"——一致団結してともに偉業を果たそう *162*

"累并快楽着"——楽観的精神で仕事に励む *165*

"有話要放到卓面上来講"——批判や自己批判に長ずる *169*

"十個指頭弾鋼琴"——"統籌兼顧"して仕事をする *173*

"行百里者半九十"——青年は孜々として努力奮闘すべきだ *177*

"以青春之我，創建青春之国家"——青春は奮闘するためのものだ ... *181*

"人生的扣子従一開始就要扣好"——価値観の形成は青年期が大切 ... *185*

目　次　*xi*

詩文の章

"既不妄自菲薄，也不妄自尊大"——中国の経験に対する自信と自
覚 192

"苟日新，日日新，又日新"——中華民族の核心的精神の描写 197

"治大国如烹小鮮"——国情を理解し、科学的に政治を行う 200

"兄弟同心，其利断金"——両岸の同胞が手を携え、ともに中国の
夢を実現する 204

"積土為山，積水為海"——中国とアフリカが協力して夢をかなえ
る 207

"水之積也不厚，則其負大舟也無力"——友好の海に中墨協力の舟
を浮かべる 210

"合抱之木，生於毫末"——中国と ASEAN の友好の社会的土壌を
しっかり突き固める 213

"海納百川，有容乃大"——さまざまな文明が互いに影響し合いな
がら融合しともに前進する 217

"浩渺行無極，揚帆但信風"——アジア太平洋のパートナーには共
通の発展スペースが 221

"物必先腐，而後虫生"——腐敗が生じる土壌をなくす 224

"政之所興在順民心，政之所廃在逆民心"——人民のために奉仕す
るのは党の根本的な趣旨である 228

"見善如不及，見不善如探湯"——指導的幹部は畏怖の念を持つべ
きである 232

"刮骨療毒、壮士断腕"——反腐敗闘争をやり遂げる 236

"徙木立信"——整風は実質を伴い、人民に信頼されなければなら
ない 240

"鑑得失、知興替"——歴史に学び、歴史を鑑とする 244

"盲人騎瞎馬，夜半臨深池"——任務に対する科学性・予見性・主
体性を強化する 248

"学者非必為仕，而仕者必為学"——幹部の学習は党と国家の事業
の発展に関わる 252

"学而不思則罔，思而不学則殆"——学習と思考は車の両輪でなけ
ればならない 256

"以其昏昏，使人昭昭"——学習を通して任務遂行能力を高める 260

"虚談廃務"——理論を実際と結びつける学風を発揚する 264

"博学之，審問之，慎思之，明辨之，篤行之"——学習を重視し、
学習に長ずることは、風紀を正す重要な内容である 268

"宰相必起於州部，猛将必発於卒伍"——現場での経験は幹部が成
長するための必須科目である 273

"尚賢者，政之本也"——国が差し迫って必要とする人材育成のた
めに良い環境を造る 276

"致天下之治者在人材"——人材は総合的国力を測る重要な指標で
ある 280

目　次　*xiii*

プロローグ

人は皆、理想や目標を持ち、自分なりの夢を追い求める。

　今日、誰もが中国の夢について論じているが、中華民族にとって近代以降の最も大きな夢といえば、その偉大な復興にほかならないだろう。

　この夢には幾世代にもわたる中国人の宿望が凝縮されており、中華民族と中国人民の全体的利益を体現するとともに、あらゆる華夏の人々にとって共通の願いとなっている。

　　──2012年11月29日、〈復興の道〉展示参観時におけるスピーチ

"中国夢"
――民族の復興と人民の幸福という共通の願い

2012年秋、中国共産党第18回党大会が閉幕して間もなく、"中国夢"という言葉がネット上でしばしば見かけられるようになった。それは中国共産党中央委員会総書記に就任して間もない習近平が〈復興の道〉の展示を参観したときに用いた言葉に由来する。この言葉は、提起されるやいなや、学術の場、巷の其処彼処、国内・国際舞台を問わず、均しく人々の関心を集め、誰もが共鳴し大きな期待を寄せた。

夢というものは睡眠時の想像が生んだ映像・音・思考、およびその他若干の感覚のことであり、一種の生理現象である一方、心理的要素も含み、それゆえに芸術的インスピレーションをかき立てる一定の働きがある。だからこそ、人々が「夢」と「想い」を結びつけて「夢想」としたとき、それは夢を見るという生理現象を超越して、将来の理想に対する人々の憧れ、あるいは叶えたい目標設定になる。

ある詩人は、擬人法を用いて夢の持つ力をこう表現している。

「小さな草の見る夢は、緑溢れる田や山河。流れる水の見る夢は、ゴビの砂漠を癒すこと。空飛ぶ鳥の見る夢は、深山幽谷一っ跳び。母なる大地の見る夢は、育む命数知れず……」

人生に「夢想」は欠かせない。それがなければ人生は努力目標を失い、道に迷ってしまう。これは国や民族も同じだ。習近平が掲げた"中国夢"とは中華民族の偉大な復興を実現するための象徴的表現であり、そこには「二つの100年」という努力目標が含まれている。すなわち、中国共産党成立100周年の2021年には、誰もが貧困を抜け出す全面的"小康社会"を実現すること、新中国成立100周年の2049年には、富強で民主的、また礼節があり調和のとれた近代的な強国を築き上げることだ。

中華民族の偉大な復興という中国の夢を実現することは、習近平に

よって初めて提起されたものではなく、近代以降の中華民族の宿願であり、あらゆる華夏の人々にとって共通の願いとなっていた。中華民族はかつて輝かしい文明を築き、世界文明の発展に大きく寄与した。中国は世界で最も経済が発達した国に数えられ、ある西側の学者の試算によると、康煕・乾隆帝の絶頂期に中国の経済規模は当時の世界の３分の１にも達したという。しかしながら、1840年のアヘン戦争ののち、中華民族は100年にわたる外敵の侵入と屈辱、国内の戦乱に遭遇し、甚大な災難と苦痛に見舞われ、まさに塗炭の苦しみ、悲運の連続であった。それゆえ、民族の復興は近代中国人民の絶えざる奮闘目標になり、無数の志ある義士たちが奔走し、声を上げ、傾きかけた屋台骨を引き戻そうとした。梁啓超は「若い中国」を提唱し、孫文は「中華の振興」を呼号し、李大釗は「中華民族の再生再建」のために戦った。中国人民は決して屈することなく、絶えず奮い立ち抗い、中国共産党の指導の下に新民主主義革命の道を経てついに自らの運命を手中に収め、新中国の建設という偉大な道を歩み出した。改革開放以来、我々は絶えず勉励・模索し、中華民族の偉大な復興を実現する正しい道筋を見つけ、漸く明るい未来が拓けてきた。

　中国の夢とは民族復興の夢であり、当然それは国を強くすることであり、人々を豊かにすることでもある。習近平は次のように述べている。

　「中華民族の偉大な復興という中国の夢を実現することは、国を豊かにし、民族を奮い立たせ、人々を幸せにしようというものである」

　中国の夢とは国を富ませ民族を奮い立たせる夢だが、その究極は人々に幸せをもたらすことだ。国家・民族とは抽象的な概念ではなく、人民によって成り立つものであり、国家の富強も民族の振興も人民の手によって実現されなければならず、一方、国家の富強と民族の振興の目的もまた、絶えず人民を幸福にすることである。ならば、中国の夢は13億の中国人民の共通の夢となり、中国人民は力を合わせ自発的に中国の夢の実現に取り組むだろう。習近平主席がオバマ大統領に「中国の夢は

　　　　　　　　　　　　　　　　　　　　　　"中国夢"　　**5**

アメリカンドリームを含めた世界各国人民の美しい夢と相通じるものがある」と述べたとき、その中には国家の夢と人民の夢を一体化した理念が含まれていた。

「アメリカンドリームが強調するのは個人の夢だが、中国の夢が強調するのは国家の夢であり、したがって両者が相通じることはない」と言う人がいるが、これは中国の夢を誤解しており、アメリカンドリームをも誤解している。マーティン・ルーサー・キングは彼が抱くアメリカンドリームをこう述懐している。

「私は、いつの日かジョージア州の赤い山の上に、昔奴隷だった者の子孫と昔奴隷主だった者の子孫が兄弟のように仲良く並んで腰を掛けることを、また、いつの日か私の4人の子供が、皮膚の色の違いではなく人としての品格の違いを判断基準とする国で暮らすことを夢見ている……。もしアメリカが偉大な国家になろうとするなら、この点は是が非でも実現しなければならない」。彼の言わんとするところは、まさしく社会全体の夢なのである。

当然のことながら、中国・アメリカそれぞれの文化と伝統、近現代における歴史的役割・意識形態や発展への道筋の選択には違いがある。アメリカンドリームが個人の奮闘努力の尊さに焦点を当てているのに対し、中国の夢は国家の富強と民族の振興を優先的に位置づける。しかしながら、社会主義市場経済と民主政治の発展という背景の下、我々は「大河水あれば小河満つ」[注1]という認識を持つとともに、国家の富強と民族の振興を希求する思いも抱かなければならない。習近平が中国の夢を掲げたとき、人々はこれを "China Dream" と訳したが、今ではそれを "Chinese Dream" と訳している。この事実は、我々が、中国の夢とは「中国人」の夢だ、という点に重点を置き始め、さらには具体的な "個人の夢" そのものの価値までも意識するようになったことを示している。まさしく習近平が強調する「中国の夢は民族の夢であり、中国人一人ひとりの夢だ」と言うことである。

中国共産党18全大会が閉幕したとき、習近平は党を代表して「素晴らしい暮らしに対する人民の憧れこそが我々の努力目標だ」と人民に対しおごそかに誓約した。同大会の報告でも、「中国独自の社会主義を堅持し発展させる上で第一の基本的要求とは、人民の主体的地位を堅持することだ」と標榜している。

　GDPの成長に対しほとんどの中国人は高い関心を示していたが、昨今ではすでにそれが、一層良い教育、安定した仕事、満足のいく収入、頼りになる社会保障、快適な居住条件、多彩な文化的商品、素晴らしい自然環境に対する関心、そしてまた、一層十分な知る権利、表現する権利、参与する権利、監督する権利への要求、次世代が一層しっかり成長し、気持ちよく働き、快適に暮らすことへの期待などにとって替わられている。こういった訴えに対する中国人一人ひとりの思いこそがまさしく中国の「国家としての夢」と「民族としての夢」を実現する活力の源になりうる。

　それぞれの中国人が、法を守り社会的価値観のボトムラインに抵触しないという前提に立って自分の職業上・生活上の理想を目指して努力し、なおかつ、そのために権利と規則とルールが公平にセットされた競争環境を構築し、それによって誰もが晴れがましい人生、夢をかなえるチャンスを享受するように国がサポートできるならば、労働・知識・技術・管理・資本といったすべての活力が我先にほとばしり出、社会の富を創り出すすべての源泉が豊かに湧き出で、国家の富強と民族の振興という夢が実現するだろう。

　中国の夢には"大家"（みんな）と"小家"（私）がある。中国人一人ひとりにとって、「その大を得るものは、その小を兼ねることができる」[注2]のであり、個々人の人生における理想を国家の富強と民族の振興という事業の中に融け込ませなければ、最終的な完成を見ることはできない。

　中華民族の復興を実現することは、我々が昼夜分かたず追い求める悲願であり、「夢」という言葉は、"南柯之夢"（儚い夢）、"黄粱美夢"（手

の届かない夢）、"痴人説夢"（痴人のたわごと）、"白日做夢"（白昼夢）注3
など、中国の伝統的な諺の中ではいささかマイナスイメージがあることを
我々は忘れてはならない。このような否定的な意味合いを払拭するには、
中国人一人ひとりが身をもって範を示す必要がある。我々は"浮生若夢"
（人生夢のごとし）、"酔生夢死"であってはならないし、国家の夢や民族
の夢に対し"同床異夢"であってはならない。夢を追求する過程で"夢
筆生花"（現実離れした夢を描く）のであってはならないし、"荘周夢蝶"
（胡蝶の夢）注4のように自分をチョウと混同し、自己の主体的責任に無知
であってもいけない。

　今日、我々は歴史上のいかなる時期よりも中華民族の偉大な復興とい
う目的に近づいている。改革開放以来、中国には天地がひっくり返る
ような大きな変化が生じた。一人当たりの年平均 GDP は改革開放前の
200 ドル足らずから 2013 年には 7000 ドル近くにまで達し、世界第二
の経済地域になった。人民を主人公とするコンテンツとスタイルは絶え
ず豊かさを増し、教育科学文化衛生事業は際立った進歩を遂げ、社会全
体が調和のとれた安定を保ち、党の行政能力は絶えず高まっている。こ
れらすべてが、中国の夢を掲げ、これを実現するための確固とした基盤
になっている。

　とはいえ、中国は依然として世界最大の発展途上国であり、13 億人
民の幸せな暮らしを実現することは生易しいことではない。中国はその
発展プロセスで今後なお多くの困難や試練に直面することだろう。中華
民族の偉大な復興という中国の夢を実現するには、中国人一人ひとりが
なお長期にわたり一層の努力を続けていかなければならない。

　中国の夢を実現するには、中国の道、中国独自の社会主義の道を歩ま
なければならない。この道はたやすく手に入れたものではなく、改革
開放 30 有余年にわたる偉大な実践、中華人民共和国成立以来 60 有余
年にわたる持続的な探索、近代以降 170 年余りに及ぶ発展過程におけ
る深い総括、中華民族 5000 年の悠久の文明の伝承から生まれたもので、

歴史的な選択なのである。

　哲学で言う「基本命題」とは、最も本源的、根本的な問題を指す。それぞれの時代にはそれぞれの「基本命題」があり、歩むべき道を模索することがその時代の「基本命題」に対する答えになる。1840 年、欧米列強の砲艦が我が中国の門戸をこじ開けた時代には、「屈辱と苦難から脱却すること」が「基本命題」だった。それゆえ、洋務運動は外国に学んで自らを切磋琢磨し、戊戌の政変は変法自強を図り、辛亥革命は民国を創立し、五四運動は科学と民主を提唱した。

　国家と人民の危急を救おうという志士は次から次へと入れ代わり立ち代わり現れたが、底知れぬ苦しみから中華民族を脱け出たせることはできなかった。その中で唯一、中国共産党は中国人民を鼓舞し、同志の屍を乗り越え、次々と血戦を挑み、政を正し、制度を打ち立て、民族の独立と人民の解放を勝ち取り、時代の「基本命題」に見事に答えて見せた。新中国成立後は社会主義建設に対する模索が時代の「基本命題」になった。毛沢東は、「十大関係論」[注5]や「人民内部の矛盾を正しく処理する問題について」[注6]の中で、「ソビエトを手本としつつ」、中国の状況に照らして独自の道を歩むことを提起し、中国式工業化の道へ踏み出し、この命題に対する解答に挑んだ。しかし、「大躍進」、「文化大革命」など左寄りの誤った思想による妨害に遭い、路線が偏った結果、理論と実践が乖離し、社会主義建設への模索は大きな挫折を蒙った。中国共産党11 期 3 中全会[注7]は「二つのすべて」[注8]による思想的呪縛を解き、混乱を是正し、経済建設を中心に据えた正しい路線を確立した。「社会主義とは何か、どうやって建設するのか」ということが改革開放時代の「基本命題」になったのである。鄧小平は「南巡講話」[注9]で、「計画経済が強含みか市場経済が強含みか、は社会主義と資本主義の本質的違いではない……」と言った。これにより中国の社会主義現代化建設は高度成長期に突入し、改革開放は新局面を迎えた。この歴史的選択は、同時にこれこそが中国の国情に合い、人民を富ませ国を強くする正しい道だ、と

いうことを必ずや証明することだろう。

　中国の夢を実現するには中国精神を発揚しなければならない。それはすなわち愛国主義を中核とした民族精神であり、改革・革新を中核とした時代の精神である。愛国主義は中華民族の偉大な復興の旗印であり、中華民族がともに相親しみ睦合う精神的絆であり、美しい幸せな故郷を一致協力して築き上げるための心の支えである。改革・革新は、古いしきたりを打ち破り大胆に模索する思想・観念、後塵を拝することに甘んじず、奮起して競い合う使命感、断固としてたゆまず向上を図る心構えを体現している。中国精神とは、精魂を傾け全力を振り絞る興国の精神であり、国威発揚の精神であり、全民族を奮い立たせる気概にほかならない。

　中国の夢を実現するには中国のパワーを結集しなければならない。すなわち、各民族人民の大同団結というパワーである。中国の夢は中国人民の総体的利益を体現したが、それは中華民族全体に共通した願いである。一人ひとりの前途・運命はすべて国家と民族の前途・運命と密接に関わる。小さな流れは大海へと導かれ、1粒1粒の砂も集まれば砂山となり、空論に走れば国を誤り、地道に取り組めば国は栄える。13億の知恵と努力が必ずや無敵の強大なパワーを造り上げるだろうことは、歴史と現実が我々に教えている。

　中国の夢を実現するには平和的な発展を堅持しなければならない。中華民族復興の夢とは、170年余り前の恥辱を雪ぐことであり、世界の多くの民族の中に再び聳え立つことである。これは、100年余り前に列強が台頭したときの覇権の夢とは異なるものだ。フランスを訪問したとき、習近平は、「『中国は眠れる獅子であり、目を覚ましたときには世界を震え上がらせるだろう』とナポレオンは言った。今、中国という獅子はすでに眠りから覚めたが、それは、平和的で親しみやすく、礼儀正しい獅子である」と述べた。中国の夢は平和的・発展的・協力的な共存共栄の夢であり、我々は、中国自身の発展に努力するだけでなく、世界に対す

る責任と貢献を、中国の人々を幸せにするだけでなく、世界の人々を幸
せにすることをも重視している。中国が発展することは世界に多くの
チャンスをもたらすことであり、決して脅威ではない。中国の夢の実現
は最終的には世界の平和・安定・発展を大きく促し、同時に世界の他の
発展途上国の現代化に、より多くの参考や手本を示すことだろう。

注1：“大河有水小河満，小河有水大河満”。2015年のボアオアジアフォーラムにお
　　いて習近平国家主席が世界とアジアの密接な相互依存関係を説明する言葉として
　　引用。
注2：“得其大者可以兼其小”。唐宋八大家の一人で北宋の政治家欧陽脩の言葉。
　　2013年5月に習近平が、北京大学の学生に対する返信で引用。
注3：出典“南柯之夢”唐代李公佐『南柯太守伝』、“黄粱美夢”唐代沈既済『枕中
　　記』、“痴人説夢”北宋恵洪『冷斎夜話』、“白日做夢”明代豫章酔月子《精選雅笑
　　・送區》。
注4：出典“浮生若夢”唐代李白《春夜宴従弟桃花園序》、“酔生夢死”宋代朱熹
　　『小学』、“同床異夢”宋代陳亮『与朱元晦秘書書』、“夢筆生花”唐代李延寿『南史、
　　紀少瑜伝』、“荘周夢蝶”戦国時代荘子『荘子斉物論』。
注5：1956年、政治局拡大会議における毛沢東の講演。10組の事物の相互関係を
　　論じ、中国式新社会主義建設の方向を模索。
注6：1957年2月の毛沢東の講演を整理したもの。社会主義国家における矛盾は、
　　敵対矛盾ではなく内部矛盾として処理すべきことを主張した。
注7：中国共産党第11期中央委員会第3回全体会議の略称。1978年12月開催。
　　鄧小平による改革開放政策の出発点とされる。
注8：1976年に江青ら4人組が逮捕された後、華国鋒は鄧小平らの復活を阻止する
　　ため、「毛沢東の決定はすべて擁護し、その指示はすべて順守すべきである」と
　　主張、自分は毛沢東に後事を託されたとして、その地位の保全を図った。
注9：1992年初頭に鄧小平が南方の諸都市を巡察、1989年の天安門事件の余波で
　　党内の路線対立が激化していた中、改革開放路線の積極的推進を訴え、その後の
　　本格的高度成長への道を切り拓いた。

比喩の章

我々は改革開放の正しい方向性を堅持し、"敢於啃硬骨頭，敢於涉險灘"（進んで困難に立ち向かい、急流に挑み）、勇気を奮って思想上の壁を壊し、固定化された利益構造の垣根を突破しなければならない。

　　　　　　──2012 年 12 月 7〜11 日、広東視察時のスピーチ

進んで "硬骨頭" に立ち向かい、"険灘" に挑む

——改革は勇気を奮って思想的障壁と利益構造を打ち破らなければならない

"硬骨頭" は現代漢語でよく使われる単語であり、困難な任務を指す。毛沢東はかつて『持久戦を論ず』[注1]の中で、「ある活動において敵を攻めるとき、早すぎれば自分の存在を暴露してしまい、敵に防備する余裕を与える。遅すぎれば敵は結集し、打ち破るのが困難になる」と述べている。

"険灘" は本来、川の浅瀬で石ころが多く、流れが急で船の往来に危険な場所を指すが、現在では物事を進める際の困難や危険な要素に喩えられる。

習近平が中国共産党18全大会[注2]後の地方視察で、改革開放の先陣を切った広東省へまず始めに行き、人々が熟知している "硬骨頭"、"険灘" という語を喩えに使ったのは、中華民族の偉大な復興という歴史的プロセス、とりわけ当面および今後の一定期間において、中国独自の社会主義建設事業は否応なく新しい多くの試練に遭遇し、中でも改革を深める際には新たな困難やリスクに直面することが予測されるからである。

改革開放初期、改革開放の障害となったのは観念上の問題であった。一部の人間は常にスターリンモデルを社会主義の基準とし、生産請負責任制・経済特別区・商品経済などをいずれも資本主義とみなしていた。しかし、これらの措置は経済を刺激して素早く成長させただけでなく、社会の各層にも利益をもたらした。それゆえ、"姓社姓資論争"[注3]による思想的束縛が打ち破られた後は、もはや改革は何人も遮ることができなくなったのである。

30年来の改革開放で中国が世界の注目を浴びる成果を挙げたのは、単に正しい発展の道筋を見据えたからだけでなく、実行可能なロードマップを作製したからであり、まず手をつけやすいところから始め、そ

れから困難に立ち向かうという、一歩ずつ石橋を叩いて渡る慎重さで改革を進め、各世代がその成果を継承しつつ発展させてきたからで、旧ソ連や一部の東欧諸国のようなショック療法による経済改革とは無縁であった。これにより、中国は改革を進めると同時に、社会が必要とする安定を保ちつつ、経済の繁栄と社会の進歩を力強く推進した。

　しかし、改革が深まるにつれてボトルネックに遭遇することは避け難い。すなわち、「たやすくでき、みんなが喜ぶ改革はすでに完成した。美味しい肉は食べ尽くし、残ったのは歯が立ちにくい硬い骨ばかりだった」、浅瀬で手が届く石ころもほぼ採り尽くされ、残されたのは長期にわたり蓄積された根深い矛盾であり、それはすなわち改革がすでに深淵あるいは急流に差しかかったことを示していた。

　加えて、我々の発展の足取りが速まれば速まるほど、獲得した成果が大きくなればなるほど、人民大衆の期待もそれにつれて高まり、要求もエスカレートしていった。

　これらすべては、より一層改革を進めようという我々の勇気と知恵に対する試練であり、それゆえ、緊迫した情勢の下、我々には「進んで"硬骨頭"（困難）に立ち向かい、"険灘"（急流）に挑み」時代の呼びかけと人民の声に応えることが求められているのである。

　改革とは深く掘り下げる革命であり、思想観念上の衝突のみならず、人間同士の利益関係の調整にまで及ぶため、勇気と決心が求められる。

　ここ 30 年来、改革する中で形成された利益関係には固定化現象が生じた。とりわけ、市場経済と法制度の不備による抜け道を利用して既得権益を手にした一部の階層は、利益関係の調整を嫌い、それが改革の現実的障壁となった。

　今日、歴史の新しいスタート地点に立ち、我々は再び帆を上げて船を出し、艱難辛苦から目をそらさず、進んで困難に立ち向かい、利益の固定化という垣根を破り急流を渡り、それによって改革と発展の成果がより多くより公平にすべての人民に行き渡り、公平と正義の光があまねく

神州の大地を照らすようにしなければならない。

　今日、局部的な特定分野の改革、暫定的便宜的な改革、必要に応じた断続的改革ではもう現実のニーズや人々の期待に応えられない。我々は先人が経験したことのない多くの問題に直面しており、これを回避することはできず、改革を全面的に進めるほかはない。党の18期3中全会はすでにそのための進軍ラッパを吹き鳴らしており、今求められているのは実行に移すことである。

　「みんなで薪を拾えば炎は高くなる」、改革を全面的に深めるには、党中央の断固とした決心と自信が求められるだけでなく、同時にまた、社会全体のパワー、とりわけ一般大衆の革新的精神を引き出さなくてはならない。革命的かつ効果的な改革は往々にして社会の基盤、すなわち一般大衆から生まれる、ということを改革開放の歴史は明らかにしている。

　"硬骨頭"はなかなか歯が立たないし、"険灘"を渡るのは容易ではない。困難・リスク・試練に直面したときは、ただ勇を奮って立ち向かうだけではだめで、これを首尾よく解決しなければならない。勇気だけではなく知恵も必要だ。わかりやすく言えば、全面的に改革を深化させるという我々の道は「足取りを確かに、すなわち方向をしっかり見定め、間違っても脱線転覆しないよう、慎重に運転しなければならない」。

　まず表面からメスを入れてだんだんと深め、取り掛かりやすい部分から始めて徐々に困難な問題へ立ち向かい、さらにこれを根気よく続けていくという漸進的改革が中国の国情に適した正しい発展の道であることは、改革開放の成功体験が実証している。東欧の劇的な変化は、極端なショック療法によるいわゆる「改革」が中国の発展には相応しくない、ということを示す歴史的な教訓となった。

　中国のような大国は、"硬骨頭"に齧りつき、"険灘"を渡るとき、先導する松明をしっかり掲げ、一般大衆の創造力を発揮させ、点から面へ波及させ、また、硬直化した従来の道に戻らず、宗旨替えするような誤った道に進まないようにしなければならない。

注1：雑誌『改造』1938年10月号に掲載。

注2：2012年に開催された党大会。習近平が党総書記に選任された。

注3：1989年の天安門事件ののち党内で起こった「社会主義の道を歩むか、資本主義の道を歩むのか」という論争。鄧小平の「南巡講話」によって終止符が打たれた。

改革を進める中ですでに現れたか、あるいはこれか
ら現れるであろう問題に対しては、一つひとつ困難を
克服し、問題を解決し、進んで対策を講じ、うまく対
応し、"蹄疾而歩穏"（素早く着実に）やり遂げなけれ
ばならない。

——2014 年 1 月 22 日、「中央全面深化改革領導小組」第 1 回会議に
　　おける講話

"蹄疾而歩穏"
——改革の全面的深化に関する弁証法的思惟

"蹄疾而歩穏"とは、本来、ウマが敏捷かつ着実に疾駆することをいうが、現代中国語ではしばしば、事業が素早く発展しなおかつ堅調であることに喩えられる。

鄧小平が中国の改革開放を指導し、世界を瞠目させる偉大な成果を収めた重要な原因の一つは、「肝っ玉は太く、足取りは着実に」というコンセプトを譲らなかったことにある。

習近平が改革を全面的に深化させるにあたり"蹄疾而歩穏"の必要性を提唱した意図は、「これを実行するには、悠長に構えず勇気をもって壁にぶち当たり、深く掘り下げる一方、一歩一歩足を踏みしめ、改革政策の安定性と持続性を維持し、改革がぶれないようにしなければならない」と言うところにある。

中国共産党18期3中全会は改革を全面的に深化させるためのロードマップとタイムテーブルを示した。すなわち、中国共産党成立100周年に当たる2021年には、誰もが貧困を抜け出す全面的"小康社会"を実現すること、新中国成立100周年に当たる2049年には、富強で民主的、また礼節があり調和のとれた近代的な強国を築き上げることである。そのために我々は、思想的な側面でも実際の行動においても、蹄を高く上げて疾駆し、改革の足取りを速めなければならない。

国際環境において我が中国は発展するための千載一遇のチャンスに巡り合っていると同時に、発展に向けた世界経済のパワー不足といった外部環境による巨大なプレッシャーにも遭遇している。さらに、先進国とその周辺の一部諸国との間では構造的矛盾が徐々に顕在化し、改革を速めることは世界情勢を発展させるためにも差し迫って必要となっている。

国内情勢から判断すれば、すでに改革は深く掘り下げその本丸に挑む時期に差しかかっており、現在直面しているのはいずれも克服が困難

な"硬骨頭"（硬い骨）、さらに改革を進めてきた中で蓄積された新しい問題・矛盾であり、勇を奮い疾駆しなければ成功を期することができない局面を迎えている。まさに「トラが潜むと知ってなお、その山に向かう」気概である。

2021年になっても、我々はまだ、誰もが貧困を抜け出す全面的"小康社会"の実現という目標にどうにか到達する程度に過ぎない。そこで足を止めてはならず、なお疾駆して前進しなければならないのである。

矢はひとたび放たれれば後戻りはできない。改革の足取りも緩めてはならない。およそ改革というものは必ず一定の人や部門の現実的利益に抵触するもので、それゆえ常に抵抗に遭うが、もしそういった既得権益を持つ勢力の妨害によって改革がスローダウンし、さらに足踏みすれば、改革そのものが中途半端に終わってしまい、それまでの苦労も水の泡となる。

例えば現在行われている行政改革では、中央がその目標と要求を打ち出した当初、多くの部門が自分たちの権限を手放そうとしなかった。しかし、中央は「行政の簡素化と権限の縮小」という政府の自己改革、この重要な取り組みに対し一切手を緩めず、絶えずこれを促進し、2013年の行政許認可制度改革を踏まえて、2014年にはさらに200以上の許認可項目の取り消しないしは権限下放を打ち出した。こういった行革の奮闘努力に大衆は拍手喝采した。

改革は"大躍進運動"とは違い、着実に一歩一歩進めなければならない。過去、我々は"大躍進運動"によって国民経済が崩壊に瀕するという悲惨な教訓を味わった。このことをしっかり踏まえて、二度と似たような過ちを犯してはならない。

目下、改革の全面的深化は胸突き八丁に差しかかっており、急流を渡らなければならない。こういった難関を突破するにはいたずらに急いてはならず、やみくもに突き進んでもいけない。"大躍進"はご法度である。「一つひとつ困難を克服し、問題を解決し、一歩ずつ積み上げて小

さな勝利を大きな勝利につなげることだ。いっぺんに太りたいなどと思ってはならない。無数の馬群が一斉に一つの方向へと突っ走るときはなおさらである。」

「改革の全面的深化には着実な歩みが必要だ」という理由は、我が中国が今まさに特殊な発展段階に差しかかっているからでもある。歴史的に見て、国民一人当たりの GDP が 3000〜10000 ドルに達すると、発展が落とし穴にはまる時期がある。社会の矛盾が噴き出し、さまざまな困難が生じる。それらの社会問題や矛盾に対する処理を誤れば、一歩踏み間違えただけですべてが土崩瓦解し、九仞の功を一簣に欠く取り返しのつかない事態になる。

現在、我が中国はまさに一定の発展段階に差しかかっており、さまざまな社会問題や矛盾が大量に噴き出し、社会は根底からの構造調整に直面し、利益追求は日増しに多様化している。だからこそ、我々は素早く先陣を切りつつ、着実にしんがりを押さえ、猛スピードで進みつつうまく息継ぎができるよう工夫し、経済・社会のより速くより良い発展を維持しなければならない。

"蹄疾"によって奮いたったら、なおのこと着実に歩まなければならない。"蹄疾"でも"歩穏"ができなければ、人馬ともにひっくり返るだろう。逆に"歩穏"でも"蹄疾"できなければ、チャンスを逸し、中途で挫折してしまうだろう。蹄疾而歩穏"は、唯物的弁証法に則った、改革開放を全面的に進化させる正しい方法でありリズムなのである。

権力の運用に対する制約・監督を強化するには、"把権関進制度的籠子"（権力を制度という籠の中に閉じ込め）、腐敗に対し尻込みさせる懲戒メカニズム、腐敗できなくさせる防止メカニズム、腐敗しにくくさせる保障メカニズムを作り上げなければならない。

──2013 年 1 月 22 日、「18 期中央紀律検査委員会」第 2 回全体会議における講話

権力を制度という "籠子" の中に閉じ込める
——権力制約監督システムの整備

　"籠子"（籠）とは本来生活用品であり、物や動物を入れる道具であるが、現代中国語ではしばしばある対象に対する束縛・拘束・制限に喩えられる。例えば、"囚籠" は入牢を意味する。習近平が制度を "籠子" に喩えたのは、権力、とりわけ権力を乱用するすべての行為に対する、制度という籠による縛りと監督を強調するためである。

　古来、権力に対する人々の認識は含蓄に富んでいる。イギリスの近代思想家アクトンは「権力は腐敗する。絶対的権力は絶対的に腐敗する」と語り、フランスの社会学者モンテスキューも「制約を受けないすべての権力は必ず腐敗する」と述べている。

　歴史的に見て、中国は官中心で人治の色彩が濃い国であり、人々は情実・コネに重きを置きがちで、闇ルールで事を運びたがる人はなおさら多い。権力が法を凌駕し、官を恃んで法を弁えないという考えが深く根を張り、中国の改革開放は、すでに 30 有余年を経ているにもかかわらず、これら従来の思想の影響を蒙り、短期間でそれを一掃するのがきわめて困難になっている。

　それゆえに、また、権力制約監督システムがいまだ不完全であるという要素も加わった結果、現実の生活においていまだ権力の乱用がはびこり、法治の権威は損なわれ、腐敗現象が生じている。一部の地方や領域で不正・腐敗がモグラ叩きの様相を呈し、腐敗分子が後を絶たないのは、まさにその証左であろう。

　権力の乱用とそれがもたらす腐敗現象に対峙し、制度という籠の確立を強化することはとりわけ重要であり、かつ切迫している。鄧小平はかつて「制度がしっかりしていれば悪人は好き勝手なことができず、また、そうでなければ善人は十分活躍できず、時には道を誤ることさえある」と喝破した。

それゆえ、中国共産党は改革開放以来ひたすら制度の確立や腐敗防止教育を強化する運動に力を入れ、党員幹部が誤りを犯すことのないよう、また少しでも犯さないように、努めて権力に監督と制約を加えたのである。とはいえ、制度の確立にはいまだ多くの盲点があり、なお実践しながら"把権関進制度的籠子"の推進を加速させていかなければならない。

　鄧小平はさらに「制度に籠の役割を真に発揮させようとするなら、制度そのものが良くなければならない。すなわち、制度を科学的に制定し、制度の必要度・適格性・実行可能性を重視しなければならない」と述べている。制度を整えるには、カギを握る問題、急所となるポイントや部分をしっかり把握する必要がある。

　当面の問題について言えば、制度建設の要点は「権力の運用に対する制約監督システム」を整え、「すべての党員が腐敗に尻込みする懲戒メカニズム、腐敗できない防止メカニズム、腐敗しにくい保障メカニズム」を造り上げることである。

　権力の運用に対する監督システムを整えるには、中国の現実に立脚しなければならない。立法・司法・行政という西側の「三権分立」モデルを無批判に導入してはならず、決定権・執行権・監督権が相互に協調し合い制約し合う、すなわち権力で権力を制約するようにする必要がある。

　その中で最も根本をなすのが、第一に共産党の指導を堅持することであり、第二に憲法の権威を擁護することであり、第三に人民が主人公であることを真に体現し、国事に対する知る権利、発言する権利、参加する権利、監督する権利を保証することである。

　良い制度があるだけではまだ不十分で、きちんと執行されなければならない。現実を見れば、多くの場合、良い制度がないわけではなく、ただ制度がしっかり執行されず、なおざりにされているのである。したがって、制度の確立を強化するには、その制定のみならず、執行にもなおのこと工夫を凝らし、双方が足並みをそろえて問題に対処する必要がある。

26　　　習近平の思想と知恵

制度をしっかり執行することと社会全体の法治意識・規範意識の向上とは密接不可分である。社会全体の法治意識・規範意識が向上してこそ制度は順調に執行され、効果も上がる。

　この面で、党員幹部と行政部門は率先垂範し、先頭に立って法律法規や規則制度を順守し、制度の執行を助ける体制やメカニズムを絶えず整備し、制度に対する権力の妨害を絶えず排除しなければならない。

　"把権関進制度的籠子"は大小さまざまな問題を解決し、懲罰と防止をともに進める、綱紀粛正腐敗防止の良薬であり、牙城を攻める戦いであるとともに持久戦でもある。それには十分な思想的準備が必要である。よって全党は高い意識を保ち、「石に足の窪みが残り、鉄に手の痕が残る」ほどしっかり力を入れ、人民大衆にその具体的効果を示さなければならない。

我々は中華の優れた文化的伝統を決して放棄してはならず、逆にしっかり継承し発揚しなければならない。なぜなら、それは民族の"根"（みなもと）であり、"魂"（たましい）であり、これらを失えば、根無し草になってしまう。

　　　　　　　　　──2012年12月7〜11日、広東視察における講話

中華民族の "根" と "魂"
―― 中華民族の優れた文化的伝統を継承し発揚する

現代中国語で "根" と "魂" はしばしば用いられる単語である。前者は事物の根源に喩えられ、後者は、小は個人から大は国家あるいは民族に到る精神に喩えられる。習近平は "根" と "魂" という言葉を借りて、国家の発展と民族の振興における中華民族の優れた文化的伝統を継承し発揚することの比類なき重要性を強調しようとしたのである。

中華民族はその文明が発展した 5000 年余りのプロセスにおいて、豊かで奥深い文化を創り上げた。それは中華民族の最も深遠な精神的探求の蓄積であり、中華民族の最も根本をなす精神的遺伝子であり、中華民族の最も特色ある精神的シンボルであり、中華民族が澎湃として台頭し、力強く発展するための豊かな栄養になるのである。

中華文化は王朝が興亡を繰り返し、外敵の侵入もたびたび受けたが、にもかかわらず数千年の間継承され、世界の文明史上唯一、途絶えたことのない文化となり、中華民族の血肉となっている。

例えば、家庭の美徳においては "百善孝為先"（あらゆる善行の中で孝が一番大事）と "家和万事興"（家の中が和やかであれば万事が円満）を、社会では "誠実守信"（誠実に信用を守る）と "与人為善"（人とともに善い行いをする）を、国家レベルでは "民族大義"（民族の大義）と "天下為公"（天下は公のもの）を、自然に対しては "敬畏自然"（自然に対する畏敬の念）と "天人合一"（自然と人間は一体）を、個人の品格については "君子人格"（君子の人格）、"仁者愛人"（仁者は慈愛深い）を強調する。中華文化は代々の華夏の子孫を育むだけでなく、さらに東アジア全体、全世界にまで深い影響を及ぼした。

中華民族の優れた文化的伝統は、我々の "根" であり "魂" であるのみならず、同時にまた、世界の文明が発展する上で欠くべからざるエネルギー源であり、我々はこれを継承し発揚しなければならないという自

信を持つことが大事である。

　当然のことながら、中華民族の文化的伝統もその発展において困難に直面している。近代以降、西洋列強の侵入に伴い、中華文化の優越感は絶えず打ち砕かれ、心ある人々は我が至らざるところに目を向け始め、その結果、西洋に学ぼうという風潮が生まれて一世を風靡した。その過程で一部の人間は自己の文化に懐疑的になり、国学から西洋の学問に乗り換えようという考えさえ生まれた。

　新中国成立後、中国人は民族の自信を取り戻し、伝統文化の価値に気づいたが、文化大革命における“破四旧”（旧い思想・文化・風俗・習慣を打破する）が再び中華文化を奈落に陥れた。その後、改革開放の時代になり混乱に終止符が打たれ、中華文化は危機を脱したが、西洋文化の思想や製品が大量に流入し、再び「己を見失う」という憂慮すべき状態に陥る者も現れ、やたらに西洋文化に追随する現象が巷に溢れた。今日でも、何かといえばギリシャを口にするような西洋学問崇拝者がいる。

　自分の文化に自信を持たず、自分の文化を磨かず、自分の文化に立脚しないことはきわめて危険であり、それは、我々個々人に対し精神的な戸惑いをもたらすだけでなく、国家の安全をも脅かす。今日の世界では、文化のソフトパワーとスマートパワーはすでに国力の重要な一部となっており、その国の対外関係においてますます重要な役割を発揮するようになっている。

　目下、国際間の角逐は経済・軍事面に止まらず、さらに文化面にも及んでいる。今日の世界では、国際間での文化的せめぎ合いが苛烈を極め、アメリカをはじめとする西側諸国はさまざまな形で我が中国に対する文化的浸透・拡張を行っている。もし我々が中華民族の優れた文化的伝統をしっかり継承し発揚することができなければ、自分の文化を磨けず、中華民族の偉大な復興はその“根”と“魂”を失ってしまうだろう。すなわち、中華民族の優れた文化的伝統を継承し発揚することは、時代の発展と民族の復興が切実に希求するものとなっているのである。

30　　　習近平の思想と知恵

中華文化の伝統の継承・発揚はシステムプロジェクトであり、海外の華人も含めた華夏の子孫が力を合わせなければならない。我々は文化的な自信を持たなければならず、それがなければ継承しようという意識も育たないし、発揚しようという活力も生まれない。民族の文化に対する満腔の自信があってこそ思想や行動に自覚が生まれ、民族の優れた文化的伝統の継承と発揚が具現化されるのである。

　中華文化の伝統の継承・発揚には、さらにその文化に対する自省が求められる。中華の伝統文化も完全無欠ではない。時代とともに歩み、批判的に継承され、なお一層胸襟を開いて外来文化の優れた要素を吸収し、自信に溢れつつ傲慢にならず、謙虚でありつつ卑屈にならないようにしなければならない。

　中華民族は悠久の歴史を持つ中華文化を創り上げた。中国独自の社会主義の道を歩み、文化の交流・融合・せめぎ合いに身を置いても、必ずや中華文化の新しい輝きを生み出すことができるであろう。

中華民族の〝根〟と〝魂〟　　**31**

確固たる理想と信念を持ち、世界観・人生観・価値観という“総開関”（元栓）に関わる問題を着実にしっかり解決しよう。それができなければ、誤った路線、財政的不正[注1]が生じることは免れられないだろう。

——2013年9月23〜25日、河北省委員会常務委員会民主生活会にフル参加し指導を行ったときの講話

"総開関"をしっかり締める
――理想と信念の核心的問題

　"総開関"はもともと科学技術用語で、すべての電源装置やパイプの
スイッチをコントロールするものである。元栓がしっかりしていればシ
ステム全体が正常に運行し、さもなくば支障をきたす。現代中国語で
"総開関"はしばしば統率者の意識の持ち方に用いられる単語である。

　習近平は過去、思想・政治および気風面での意識改革や反腐敗活動な
どに絡め、多くの場面でこの元栓問題に言及した。その目的は、全党に
対し、正しい世界観・人生観・価値観を確立することの比類なき重要性
を説くことである。党員幹部、とりわけ指導的幹部は、世界観・人生
観・価値観が正しければその思想・気風・行為も正しくなろうし、それ
らが歪めば思想・気風・行為は正しい方向を見失い、党や国家に甚大な
危害をもたらすだろう。

　なぜ、世界観・人生観・価値観が元栓なのだろうか。世界観とは、世
界に対する人々の根本的な見方と視点であり、人生観と価値観は世界観
を基本的に体現するもので、世界観の持ち方で人生観や価値観が決まる。

　中国共産党はマルクス主義の唯物史観を己の世界観とし、社会の存在
が社会の意識を決定し、人民大衆は歴史の創造者であることを強調した。
このことによって、党の創設は公のためであり、政治は民衆のために行
うこと、誠心誠意人民のために尽くすこと、苦労は先に楽しみは後にす
ること、自力更生・刻苦奮闘することなどの信念と精神が中国共産党員
の最も基本的な人生観・価値観として決定づけられた。

　つまり、世界観・人生観・価値観は一体をなすシステムであり、人々
の認識と実践を制御する元栓なのである。

　"総開関"という基本的信念が確固として築かれたからこそ、代々の
共産党員は危難を顧みず、次々と同志の屍を乗り越えて後に続くことが
できた。革命の時期であろうと建設の時期であろうと、人民を率いてと

もに努力することができたからこそ、やはり今日の中国の発展と進歩があった。正しい理想・信念は現代中国の発展・進歩における精神の源泉、活力の源泉、エネルギーの源泉である。

現在、元栓問題において、党員幹部に総じて問題はないが、一部の者はこの面の基礎が脆弱で、認識が甘く、向上心が足りず、行動も伴わない。

特に、長期にわたり党が政治を担って来た平穏無事な環境、社会の考え方が日増しに多元化する環境、改革開放の推進が一層深まる時代背景の下で、指導的幹部の中には、民の声を聴かず、鬼神の声を聴き[注2]、心ここにあらずして、占いや迷信に惑わされ、神仏を拝み、気功の大家を盲信する者もいる。

また、共産主義など雲をつかむような幻想だ、と考え、信念がぐらつき、妻子を国外に移民させ、財産も移し、逃げ道を確保していつでもずらかる用意をしている者もいる。

さらには、物欲に支配され、名利のみ考え、享楽にふけり、慎みがない放埓な輩もいる。およそこういった問題はすべて元栓から生じているのである。

元栓に問題が生じれば、現実において誤った路線、財政上の不正が生じることは免れられない。「公私」においては「私」が優先し、「利益と社会貢献」では「利益」が優先し、「享楽と苦労」では「享楽」が優先する。その中身がそこそこのものであれば公共の利益を損ない私腹を肥やす程度だが、情状が深刻になれば、法律を勝手に曲げ、国や人民に害をなす。

例えば、メディアに暴かれた中央や地方の腐敗分子の悪行を見ると、彼らが徐々に深みにはまっていった原因は元栓をしっかり把握していなかったからであり、その結果、信念が消え失せ、現実生活では大衆から遊離し、党の規律や国家の法律を無視し、破れかぶれになって、最後には党や人民から唾棄される羽目になったのである。

元栓の問題をしっかり解決するには、まず、理想・信念の問題を解決しなければならない。

大本の教えは守らなければならず^{注3}、党員幹部は学習を強化し、マルクス主義の理論的素養を着実に高め、党の本質・モットー・政治理念を深く理解し、党員としての修養と自覚に磨きをかけ、元栓の土台を根本から構築しなければならない。

次に、常に慎み深い心を持ち、「吾、日に吾が身を三省す」^{注4}というように、絶えず己の思想と行動をチェックし、過ちがあれば改め、悪い芽は早く摘み、元栓を絶えず強化し、厚みを持たせ、堅牢にしなければならない。

さらに、不正腐敗に対する追及の手を厳しくし、党の規律と国家の法律の権威を擁護し、党員幹部のために元栓をしっかり守らなければならない。

最後に、党員幹部は実践に身を投じ、大衆と深く交わり、人民に奉仕する中で絶えず世界観・人生観・価値観という"総開関"をしっかり締めなければならない。

注1：原文は"跑冒滴漏"。"跑"は予算外での使用、"冒"は資金の流用、"滴"は少額しか支出しないこと、"漏"は脱税を指し、いずれも財政上の不正行為をいう。

注2：原文は"不問蒼生問鬼神"。晩唐期の詩人、李商隠の詩「賈生」の一節。漢の文帝の故事に由来する。

注3：原文は"老祖宗不能丟"。1990年代初頭に鄧小平が言った言葉で、"老祖宗"とは、マルクス・レーニン主義、毛沢東思想を指す。改革開放を積極的に進めても、それは"老祖宗"との決別を意味しない、という意味が込められている。

注4：原文は"吾日三省吾身"。『論語』学而第一。

さまざまな時と場合を利用し、社会主義の核心的価値観の醸成および発揚に有利な生活状況と社会の雰囲気を造り出すことで、核心的価値観の感化がいついかなる場所でも“空気”のように行き渡るようにしなければならない。

──2014 年 2 月 24 日、第十八期中央政治局第 13 回グループ学習における講話

核心的価値観は“空気”のようにいかなる場所にも存在する
――核心的価値観を醸成し発揚する雰囲気を造り出す

　“空気”を知らない者はいない。空気がなければ、我々は生存できない。習近平は“空気”という言葉を用いて、社会主義の核心的価値観の感化がいついかなる場所でも行き渡るようにし、それによって自ずと我々の日常生活に溶け込み、心の奥深くに浸透するようにしなければならない、と喩えたのである。

　社会主義の核心的価値観は、“富強・民主・文明・和諧（調和）、自由・平等・公正・法治、愛国・敬業・誠信・友善”の24文字に概括され、三つの分野に体現されている。

　すなわち“富強・民主・文明・和諧”は国家レベルの価値基準であり、“自由・平等・公正・法治”は社会レベルの価値基準であり、“愛国・敬業・誠信・友善”は国民の個人レベルでの価値基準である。

　社会主義の核心的価値観は社会主義の理想と信念を反映したものであり、その一方で中国の優れた文化伝統の精髄をも継承し、加えて時代に即した特色を明確に備え、すべての中国人民の共通の願いを最大公約数的に反映したものである。

　社会の発展進歩と文明度は、経済発展レベルと生活における物質的豊かさにもまして、社会全体の思想文化レベルと民衆の道徳的自覚に現れるものである。

　我が中国についていえば、我々が打ち立てようとしている中国独自の社会主義とは、経済建設・政治建設・文化建設・社会建設・生態文明建設が“五位一体”となった総合的布陣を目標に置いたもので、社会主義の核心的価値観はその過程における“魂”であり、これがなければ、社会主義建設はその道を踏み誤ってしまうだろう。

　当今、社会の変革が深まるにつれて、社会における利益関係は日々複雑になり、人々の考え方もますます変化している。こういった背景の下、

世間では痛ましい事件がたびたび発生している。金儲けのために、食品に偽物を混入したり、時には毒を入れる者もいるかと思えば、人が転んでも誰も助け起こそうとしない。互いに挨拶することが少なくなり、警戒し合うことが逆に増えている。社会モラルに反する事件の一つひとつはその都度人々のモラルの根幹を揺さぶっており、モラルの喪失や低下という混濁に直面して、「これは一体どうしたことだ」と我々は考え始めている。

　理由はさまざま挙げられようが、価値観の問題が最も根本的な理由だろう。したがって、我々は価値観をさらに磨き、不足を補わなければならず、習近平の言葉を用いれば、「世界観・人生観・価値観という"総開関"（元栓）の問題をしっかり解決しなければならない」のである。社会主義の核心的価値観とは、この元栓の問題における指導思想に他ならない。

　社会主義の核心的価値観は思想理論体系であると同時に、実際における行動規範でもある。また、我々がそれを感知し育むべきものでもあり、体得して実践すべきものでもある。社会主義の核心的価値観の感化をいついかなる場所でも空気のように行き渡らせようとするのは生易しいことではなく、社会全体がともに努力しなければならないが、そこには二つの大事なポイントがある。一つは役人が範を示すこと、もう一つは一般民衆に対し静かに染み込む教育をすることだ。

　「上の者が範を垂れれば、下の者はそれに倣う」というが、社会主義の核心的価値観を実践するために、指導的幹部は、喉をからして叫ぶより実践に身を置き、自ら先頭に立ち、滅私奉公、民のため政治に精励し、物事を着実に行い、職務を忠実に果たし、政治の気風で民衆の気風を導くべきである。官と政治が公明正大であれば、社会と民衆も穏やかな日々が約束される。

　加えて、社会主義の核心的価値観を普及させるには、静かに染み込ませることが大事であり、民衆の身近な感動を取り上げることから始め

て、我々が説くところを人々の日常生活としっかり結びつけ、些細なこと、事実に即したことに意を注がなければならない。一般社会や庶民の中の名もなき人たちの善行がもたらす感動は最も説得力に富むものであり、極力発掘すべきである。社会主義の核心的価値観が一般社会、そして民衆の中にしっかり根を下ろしさえすれば、その感化は必ずいついかなる場所でも空気のように行き渡るであろう。

中国人はその"飯碗"（めし茶碗）をいかなるとき
でも自分の手中にしっかり持っていなければならない。
そして、そこに盛るのは主として中国の食糧であるべ
きだ。

──2013年12月23～24日、第18期中央農村工作会議における講話

中国人は "飯碗" を自分の手に持っていなければならない
—— 食糧と社会の安定を保障する

　我々は毎日食事をするので、めし茶碗にお世話にならない日はない。習近平が "飯碗" と言うこの最も馴染み深い言葉を使ったのは、中国のような発展途上国では食糧の確保が極めて重要であり、我が中国は長年にわたり大豊作を達成してきたが、そういった状況であればあるほど、余計、油断をしてはならない。

　「食糧があれば慌てふためくことはない」、「農業が盛んであれば天下は繁栄する」[注1] と言うが、13億の人口を抱えている中国にとって「食べること」は何にもまして重要である。それが保障されなければ、社会の発展も国家の発展も画餅に帰す。食糧の確保は中国の発展と安定のカギを握っているといってよい。

　中国の食糧生産は近年増産が続いているが、だからといって油断したり、自惚れてはいけない。「喉元過ぎれば熱さを忘れる」ことのないよう戒めるべきだ。食糧の確保は絶対条件であり、このレッドラインに抵触すれば悲惨な結果を招くであろう。1960年代初頭に発生した「飢餓の歳月」[注2] はそう遠い話ではない。食糧切符制度も廃止されてまだ20数年しか経っていない。多くの人々の骨身に沁みているこれらの記憶を我々は常に戒めとすべきで、それゆえ、党中央は改革開放以来一貫して "三農"（農業・農村・農民）と食糧生産をきわめて重視し、自国の食糧を確保してきた。

　「食糧とは経済問題であり、経済のグローバル化が進む今日、不足すれば国際市場から貿易によって調達すればよい」との主張があるが、これはきわめて危険な考え方である。世界を見渡してみて、およそ社会が安定している国は例外なく食糧をほぼ自給している。逆に、自国民の食糧問題を解決できていない国はいずれも国内が不安定で、対外的に弱腰にならざるを得ない。

市場経済の下、我々は、農業構造を調整し農業現代化の足取りを速めるために適度に食糧の輸入を増やすこともあるが、だからといって国内の食糧生産をおろそかにしてはならない。他人に食を頼って頼り切れるものではない。

　1990年代中頃、アメリカの学者レスター・ブラウンが「誰が中国を養うのか」という問題を提起し、当時の国際社会にセンセーションを巻き起こした。その論点の核心部分は、「工業化が引き続き急速に進む中、食糧需要の絶え間ない増加という、自力では解決不可能な問題に対処するため、中国は大量の輸入に頼らざるを得なくなり、それが全世界の食糧危機を引き起こすであろう」と言うものだった。

　しかし、20年が過ぎ、中国政府と人民は自らの行動でブラウンの誤りを証明した。かなりのハイスピードで発展しつつも、食糧の自給自足をほぼ実現したのである。それは世界の奇跡、世界の平和と発展に対する重大な貢献であり、西側の色眼鏡に痛棒を食らわせた。

　引き続き中国は発展し、人民の生活は向上し、食品需要の構成も上昇し、それに伴って食糧に対する我々の需要も今後確実に増大していくだろう。こういった状況の下では、いついかなるときでも「食糧問題はすでにクリアした」などと軽々しく口にしてはならず、「食糧の確保を保障する」と言うその手を常に緩めてはならない。

　中国の食糧を確保するには耕地という食糧生産の命綱をしっかり守り、中央が打ち出した、「耕地面積18億ムー[注3]、食糧播種面積16億ムー」というレッドラインに抵触しないよう心掛け、"三農"に関する中央の各政策・措置を着実に実行し、資金などの投入と支援の度合いを高めていかなければならない。

　中国が強い国になるには農業を強くしなければならない。中国が住みよい国になるには農村を住みよくしなければならない。中国が豊かな国になるには農民を豊かにしなければならない。農業が強くなり、農村が住みよくなり、農民が豊かになってこそ、全中国人民はそのめし茶碗を

揺るぎなく、まっとうに、そしてしっかりと手にすることができるのである。

注1：原文は"手中有粮，心中不慌"、"農業豊，天下興"。
注2：1950年代後半の大躍進政策の失敗によって引き起こされた飢饉を指す。
注3：1ムーは666.7平方メートルに相当。

"蛋糕"（カステラ。意訳「パイ」）は絶えず大きくなると同時に、公平に分配されなければならない。我が国の社会には古来より「少なきを憂えず、均しからざるを憂う」[注1]という考え方がある。我々は、絶え間なく発展するという前提に立ちつつ、社会の公正を促進する上で必要とされる事柄の確実な履行を極力促し、全力を挙げ、しかも身の丈に合った取り組みを行い、それによって、すべての人民が学ぶ機会を得、労働に応じた所得を手に入れ、病気になれば医者にかかり、年を取れば面倒を見てもらい、住居に困らない、という生活の刷新を引き続き享受できるよう努めなければならない。

——2014年1月1日、人民日報掲載の習近平署名論文「党の18期3中全会の精神へしっかりと思想を統一しよう」より

"蛋糕"の創出と"蛋糕"の分配
──経済発展と社会的公平は車の両輪

　"蛋糕"は我々誰もが知る食べ物であり、身内や友人が集うときにみんなで分かち合って食べれば、なんとも幸せな一時となる。現代中国語では、これを作ることを経済発展に喩え、分配することを社会の富の分配に喩えている。

　習近平は"蛋糕"という比喩を用いて、より多くの社会的富を創出して、そのパイをより多く確実に分配する物質的基礎を確立するため、経済建設を引き続きしっかり進めなければならないこと、また、社会的公平と正義を絶えず促進し、それによって改革開放政策以降の発展の成果をより公平に全中国人民に行き渡らせ、パイを大きくする目的を達成しなければならないことを示した。

　古人の"倉廩満ちて礼節を知り、衣食足りて栄辱を知る"[注2]という言葉は、物質的生活を保障することの重要性を述べている。改革開放以来、中国の経済建設が多大な成果を挙げたことは衆目の一致するところだが、現代の中国は人口が多く、基礎が弱く、資源に乏しく、経済発展はいまだ立ち遅れているのが基本的状況であり、これを変えるには経済を発展させなければならない。衣食を充足させることからゆとりある生活へと歩んでいる中国人民は、生活の質のさらなる向上を強く願っており、経済発展に対してもより高い要求を掲げている。踏み込んで言うならば、パイは以前に比べずっと大きくなったが、先進諸国と比べれば十分とはいえない。まして中国は巨大な人口を抱えており、公平に分配しても、一人当たりの取り分は依然少ない。

　したがって、当面、我が中国にとっての最重要課題はパイをさらに大きくすることであり、経済建設を中心に置くという基本路線が揺らいではならないし、また、長期的に堅持していかなければならない。

　古人は「少なきを憂えず、均しからざるを憂う」と言ったが、この言

葉は中国人であれば老若男女を問わず誰でも知っている。すなわち、不公平は貧窮より問題なのである。現代の中国において、我々は公平と正義を十分に重視しなければならない。言い換えれば「我々の社会にはいまだに多くの不公平や不正が存在している」と言うことである。例えば、社会の各方面から不満が噴出している貧富の格差の拡大だが、一部の人間は、発展過程における制度上の欠陥につけ込むか、あるいは不適切な手段を利用し、さらには違法な行為にまで及んで短期間に巨万の富を蓄え、しかも多くがそのために人倫を踏み外し、汚辱にまみれてしまっている。

　中国は社会主義の初期段階にあり、客観的に見て多くの格差が存在する。例えば、産業間の格差、都市と農村の格差、地域間の格差などであり、その形成要因は複雑で、短期間で解消できるとは誰も思っていない。しかし、社会の利益を図る振りをして私腹を肥やし、独占的地位を利用して私利を図り、先に豊かになったチャンスを生かして自分の有利な立場をさらに強化し、弱肉強食を推し進めることがもたらす社会的不公平は、社会の安定を破壊する最も危険な要素であり、社会の発展を最も妨害するものであり、それゆえ、庶民の怨嗟の的になっているのである。

　公平と正義に反した現象・問題に対する庶民の反発は強く、それによって生じた、富める者を仇敵視する心理や行為は一定程度・一定範囲内に存在しており、一部の過激な行動も新聞などでよく見かける。公平と正義は中国の発展と進歩に関わる重大な社会問題であり、十分重視されなければならない。この問題を解決しなければ、社会主義建設が勝ち取った成果を保つことができないばかりか、社会的混乱さえ引き起こすだろう。

　発展過程で生じた問題は最終的には発展によって解決しなければならない。党と政府の最重要任務は経済と社会の発展をリードすることであるが、同時に、社会の公平と正義を守ることも政府が担うべく重要な責務である。つまり、中国共産党18期3中全会の方針に従い、全面的に

改革を深め、発展第一を堅持し、同時に公平と正義という光で中国の大
地を広く照らさなければならない。

注1：原文は〝不患寡而患不均〟。『論語』李氏第十六。
注2：本書での引用文は〝倉廩実而知礼節，衣食足而知栄辱〟。出典は『管子』牧民
　　〝倉廩実則知礼節，衣食足則知栄辱〟。〝古人〟とは春秋の大宰相、斉の管仲を指す。

活力と秩序の関係をきちんと処理しようとするならば、社会の発展に十分な活力がなければならない。一方、このような活力は秩序だっていなければならず、澱んでもいけないし、地下で狂奔しても（"暗流洶湧"）いけない。

──2014年1月1日、人民日報掲載の習近平署名論文「党の18期3中全会の精神へしっかりと思想を統一しよう」より

"死水一潭" と "暗流洶湧"
──社会が発展する活力と秩序をしっかり保障しよう

　"死水" とは、本来、澱んで新陳代謝のない水のことを指すが、一般には、社会や組織に活力がないことに喩えられる。"暗流" は本来、表面上は穏やかに見える川の水が、実は水面下では激しく流れていることを指し、よく、社会の無秩序や混乱に喩えられる。習近平が "死水一潭"、"暗流洶湧" という比喩を用いたのは、社会の発展には十分な活力がなければならないが、このような活力は秩序だっていなければならないことを説明しようとしたのである。

　澱んだ社会は一見秩序だっているようだが、実は社会体制が硬直化しているのであり、人々はそれに縛られ、自由な空間がなく、すべてがしっかり設定されていて、型通りに行われる。このような "秩序だった" 社会は活力に乏しい社会であり、当然、発展は望むべくもない。

　計画経済時代の中国社会は相対的に活力に乏しい社会であり、人々はともに同じものを食べ、競争はほとんどなく、働いても働かなくてもたいした違いはなく、社会全体に前進しようという活力が欠け、イノベーションなど生まれようがなかった。改革開放はこのような体制を打破し、社会の発展を解き放ち、その活力を迸らせ、中国社会の発展進歩を推進した。

　社会の発展に活力が必要であることは歴史と実践によって証明された、抗うことができない基本的な法則である。社会を活力で満たすには、庶民生活に対する不必要な規制や干渉を減らし、政策と制度の提供、法律の保証によって社会の活力が絶えず生まれ続けるよう刺激を加えなければならない。政府がおせっかいを焼きすぎる中国社会についていえば、改革を深めて近代的な社会管理システムを打ち建て、労働・知識・技術・管理・資本などすべての要素の活力を競って発揮させ、社会の富を創造するすべての源泉を十分湧き出させなくてはならない。

しかしながら、活力イコール無秩序な発展ではないし、ましてや "暗流洶湧" ではない。我々が必要とする社会の活力とは、法治に則って秩序だって発揮されるものでなければならず、無秩序と "暗流洶湧" は活力のパフォーマンスではないばかりか、社会の健全な活力を大きく脅かすものである。内外の歴史から得た経験によれば、いかなる国も無秩序な状態で発展進歩した国はない。無秩序は混乱を意味し、危険を意味する。現在、中国の社会構造はまさに掘り下げた調整と変革の真っ只中にあり、思想や観念は日増しに多元化し、利益関係と利益追求も複雑化している。もし、社会の発展をまったく自由気儘に、野放図にしておけば、結果として社会は無秩序になり、社会の発展が促進されないばかりか、その発展進歩を阻害し、改革開放以来の成果も水の泡になってしまうだろう。したがって、社会の発展に "暗流洶湧" などもってのほかで、"暗流" を丹念にチェックし、処理し、誘導することが当面の急務である。決して気を緩めず、油断せず、"暗流" の存在を軽視したり無視したりしてはならない。

　"死水一潭" と "暗流洶湧" は社会の発展にとってあってはならないことで、"死水一潭" の社会は活力がなく停滞し、"暗流洶湧" の社会は無秩序による混乱で発展の可能性を摘み取られてしまう。秩序があり活力に満ちた社会でなければ、絶え間ない発展と進歩はありえない。このことは、中国独自の社会主義を建設する目標でもある。

　秩序があり、かつ活力に満ちた調和のとれた社会を築くには、中国共産党18期3中全会、4中全会の精神に則り、改革を全面的に深化させ、法治のプロセスおよび政治体制と行政管理体制の改革を加速させ、行政の簡素化と権限の下放をさらに進め、現代社会管理システムの確立を加速させ、社会の管理において果たすべき役割をそれぞれの主体に担わせ、あらゆる要素を動員して、活力に富み調和のとれた社会の建設へともに努力するよう仕向けなければならない。

都市建設、とりわけインフラ建設の質的向上を図り、適度に先取りし、互いに手を結び、将来の需要を満たす機能システムを構築し、都市の"攤大餅"（地域拡張）型発展を抑制しなければならない。

——2014 年 2 月 26 日、北京視察時の講話

都市の"攤大餅"式発展を抑制する
——都市建設は科学的プランニングを

　"攤大餅"とは、本来、中国庶民にはきわめて馴染み深い小麦粉を使った料理法で、麺棒で練り上げた小麦粉を引き伸ばし、どんどん面積を拡大していく。習近平がこの語彙を使ったのは、現在、都市の発展において生じている非科学的な傾向を批判するためである。すなわち、旧市街を中心として絶えず周囲へと発展し、都市がどんどん拡大した結果、さまざまな問題が引き起こされた。習近平が北京視察の機会を捉えて、「都市の"攤大餅"式発展」の抑制を特に強調したのには深い理由がある。

　"攤大餅"式都市発展モデルは都市の規模をどんどん拡大して見栄えを良くするが、同時にきわめて深刻な都市問題をもたらした。例えば、過度の肥大化・機能集中のために人口が過密し、都市の公共インフラがそれに追いつかず、公共資源が逼迫し、深刻な交通渋滞、環境汚染、住宅価格の高騰、生活コストの上昇といった問題が惹起された。こういった問題は北京など巨大都市ではすでにかなり重症になっている。

　"攤大餅"式都市発展モデルによって本来住み心地の良かった都市が住みにくくなれば、都市の発展は持続不可能になってしまう。

　近代的都市とは、どのように建設し発展させるべきなのだろうか。新中国成立後、中国人はこの点について絶えず模索を続けたが、経験不足のため外国から学ばざるを得なかった。1950、60年代のソビエト風建築は今も我が中国の多くの都市にその名残を留めている。

　改革開放後、経済の急速な発展に伴い、中国の都市建設規模も急ピッチで拡大したが、その過程で我々は主として西側に学び、巨大都市を建設して経済発展を牽引するという都市発展モデルが徐々に受け入れられた。しかしながら、人口が多く、産業構造が相対的に低レベルである国情を軽視した結果、確かに都市は大きくなったが、インフラと公共サー

ビスがそれに追いつかず、問題が次々と噴出した。

　規模や洋風化を追い求める指導者たちの考え方も“攤大餅”式のむやみな発展を助長している。地方の指導者の中には、いわゆる業績を挙げるため、都市計画・都市建設において現実を無視して一方的に規模や新味や洋風を追い求め、結果として、指導者の虚栄と業績によって都市はますます巨大化していく。つまり、中国の都市、とりわけ大都市の“攤大餅”式発展には深刻な歴史的かつ現実的原因があるのである。

　こういった発展形式を抑制するにはまず、都市管理者が規模や洋風化を求めるという誤った業績観と都市建設理念を放棄しなければならない。むやみに張り合って現実から遊離することなく、「都市は大規模であるがゆえに尊からず、建物は高いがゆえに尊からず」という理念を持ち、都市の内容の充実発展に注力しなければならない。同時に、指導的幹部の業績審査方法を整え、都市を外面上の変化で評価しないことにより、野放図な拡張を目指そうとする衝動を体制の面から根絶する必要がある。

　次に、都市建設においてはあくまで科学的に立案し、トップの個人的な考えを排除しなければならない。都市計画は、将来の発展における必要性を考慮してその土台を築く一方で、現実の状況も十分考慮し、特に外国の経験を現実から遊離して無批判に取り込まないよう戒め、ひとたび科学的論証を踏まえた都市発展計画を確定したら、その青写真通りにやり遂げなければならない。もちろん、都市の発展状況に応じて適宜調整する必要はあるが、指導者による恣意的な変更は排除しなければならない。

　中国は今、経済の持続的成長と社会の繁栄および安定に伴い、都市を拡張したいという衝動を抑え難い。都市の“攤大餅”式発展を抑制するには、「歴史を創り芸術を生み出すといった崇高な使命感を持ちつつ人々のために実りある生活を提供する」という考え方が大事であり、この点、都市管理者の知恵が試されているのみならず、我々国民一人ひとりも力を合わせて取り組むことを求められているのである。

都市の“攤大餅”式発展を抑制する　　**53**

我々は "緑水青山"（美しい自然）を求め、また、"金山銀山"（経済的豊かさ）をも求める。"金山銀山" より "緑水青山" のほうが大事なのだが、"緑水青山" それ自体が "金山銀山" なのである。我々は生態環境を犠牲にして経済の一時的発展を図ってはならない。

──2013 年 9 月 7 日、カザフスタンのナザルバエフ大学で講演した
　　後、学生の質問に答えた言葉

"緑水青山"と"金山銀山"
——生態と経済の相互扶助および転化

習近平は浙江省書記だった 2006 年、すでに"緑水青山"と"金山銀山"の弁証法的関係について掘り下げて論述している。18 全大会以降、習近平はたびたび「"緑水青山"それ自体が"金山銀山"である」と強調し、生態環境の保護と経済発展の弁証法的関係を"緑水青山"と"金山銀山"の関係に喩え、両者は対立するものではなく、互いに支え合い、転化するものだ、ということを強調した。

改革開放後 30 年、"発展是硬道理"（発展は至上命題）という観念は人々の心に深く沁み込み、幹部から大衆に至るまで、誰もが"金山銀山"建設の重要性を認識している。一定の物質的基礎がなければ貧しく立ち遅れた状況を変えることはできず、庶民の生活も改善するすべがない。中国は 13 億の人口を擁する発展途上の大国であり、社会主義の初歩的段階にあるという現実は変わっていない。多くの地域では庶民の収入がまだ貧困ライン以下で、都市と農村の格差も大きい。現在、中国のGDP 総額は世界第 2 位に躍進したが、一人当たりの GDP は依然世界の中位に過ぎない。目下、中国の発展は多くの問題に直面しており、医療・就職・教育・老後などの問題はいずれも庶民の日常生活と密接に関わっている。これらの問題を解決するには経済発展を拠り所にすべきであり、物質的基礎や資金投入が欠かせない。したがって"金山銀山"が必要なのである。

建設を進め、発展を促すことは重要だが、当面の問題は、かなり長期間にわたり一部の地域が"金山銀山"を"緑水青山"と対立させ、「生産が先、対策は後」という論理を掲げ、中には全体の利益や持続可能な発展には一顧だにせず、徹底的に採り尽くしたり、祖先からの遺産を食いつぶした地域さえ現れたことである。それによる資源の枯渇、環境の悪化、エネルギーの危機という代償は、すでに中国のさらなる発展を制

約する大きな壁になっている。自然界のエネルギーの生成と環境の自浄作用には自ずからなる規律があり、これらを無理やり破壊すれば、取り返しのつかない状況が生じ、回復はおぼつかない。我々が自然と調和し共存しようとするなら、自然の規律に遵わなければならない。さもなければ自然界から報復を受けるであろう。エンゲルスが述べたように、人類は自然界に対する勝利に酔い過ぎてはならない。そういった勝利は、その都度、自然界からの報復を受けるのである。ゆえに、我々は"緑水青山"から離れることはできない。

最近、中国のPM 2.5問題が世界を駆け巡っている。環境危機は中国人一人ひとりにとって目をそらすことができない、早急に解決すべき問題になっている。環境を犠牲にした発展は決して我々が必要とする発展ではない。我々が築こうとする現代化は太陽が見えず、新鮮な空気が吸えず、きれいな水が飲めない現代化ではない。

"緑水青山"が遭遇している現実的脅威に接し、環境の改善・保護の必要性は人々にとって共通認識になっている。我々が全体で考えるべきことは、政府のマクロ的取組をどうやって我々個々のミクロ的行動とうまく結びつけるか、ということで、同時に我々は経済発展における環境保護の問題が世界的難題であることを知っておくべきである。19世紀末から20世紀中葉まで、環境汚染問題はやはり西側先進諸国を苦しめた。彼らも当時は汚水が溢れスモッグが空を覆う問題に直面した。それが原因でロンドンは霧の都と呼ばれたのではないだろうか。アメリカでは、1940年代からスモッグが出現し、1970年には〈マスキー法〉（修正大気浄化法）が施行された。ロンドンはスモッグへの反省から努力を重ね、20年余り過ぎて漸く再び太陽を仰ぐことができた。

したがって、我々も環境改善は長期的かつ困難な取り組みであることを十分認識しなければならない。それは手強い戦いであるだけでなく持久戦でもあり、硬い決心と粘り強さが求められるのである。

"緑水青山"と"金山銀山"は本来決して絶対的に対立するものでは

なく、弁証法的統一が可能だ。率直に言えば、各地方政府は従来の資源依存型からイノベーション型へ方向転換するよう求められているのである。さらに重要なことは、わけもわからず突っ走ってはならないということであり、人類の生存と発展という幸福観に基づけば、"緑水青山"それ自体が本来"金山銀山"なのである。習近平が述べているように、「生態環境を保護することは生産力を保護することであり、生態環境を改善することは生産力を発展させることなのである」。"留得青山在，不怕没柴烧"（緑の山があれば、薪に不自由しない）、"常青樹就是揺銭樹，常緑水就是発財水"（常緑の樹は金のなる木、澄んだ水は儲かる水）とはよく言ったもので、言い換えれば、"緑水青山"は経済発展という"金山銀山"に 100 パーセント転化できるのである。エコ経済発展への道をすでに多くの地域が首尾よく歩み始めていることに人々はホッとする思いだろう。

国際社会も中米関係が改善し発展し続けることを期待している。両国がしっかり協力すれば、世界を安定させる"圧艙石"（バラスト）、世界平和の"助推器"（ブースター）になりうるだろう。

──2013年6月7日、アメリカのオバマ大統領と会談した際の発言

"圧艙石"と"助推器"
——世界の平和と安定をともに擁護

　対外関係に言及するとき、習近平はよく"圧艙石"、"助推器"という比喩を用いる。2012年2月14日、当時国家副主席だった習近平が訪米し中米企業家座談会に出席したとき、「両国関係において経済貿易が果たす"圧艙石"、"助推器"としての役割を深めよう」という言葉を両国の企業人に寄せた。2013年1月、日本の山口那津男公明党党首と会談した際には、「両国間の四つの政治文書が中日関係の"圧艙石"であり、しっかり守らなければならない」と述べた。

　古代の水運では空船率が比較的高く、その場合、船体の重心が水面より高いと転覆しやすい。そこで、船に石を積み込んで安定を図り、積み荷があればそれを取り除く。それゆえ"圧艙石"と言う。現代の遠洋貨物船また然りで、積載率が高くてもやはり"圧艙石"が不可欠である。ただし、それはもはや本物の石ではなく、基準に則り鉄で鋳造したもので、世界共通になっている。現代中国語において、この"圧艙石"はよく事物の健全な向上発展を確実に保障するものに喩えられる。

　"助推器"は本来、科学技術用語で、一種の動力装置である。ミサイルや宇宙船の発射時に、それらを速やかに発射装置から離脱させ、なおかつ加速して予定された飛行速度に達するようにするロケットエンジンである。日常生活においては、ある事柄の発展を推進する鍵となる要素に多く喩えられる。事物の発展には安定した"圧艙石"が不可欠で、また、それを推進する"助推器"も必要である。

　中米関係において習近平は、一方で"圧艙石"、"助推器"という言葉を用い、両国関係の発展における経済貿易関係の重要性、すなわち、それが両国関係が安定を保つ上での基礎であり、かつ、よりハイレベルに発展するための推進力であることを説明しつつ、もう一方で、この二つの言葉を用いて、世界の平和と発展における中米両国の友好協力の重要

性、すなわち、中米両国が協力に意を注ぎ、対立を回避することは世界の安定を守る重要なベースであるのみならず、世界の平和と発展を推進する重要なパワーであることの喩えとした。

中日関係において、習近平は"圧艙石"という言葉を用いて、中日関係を発展させる上で四つの政治文書がとりわけ重要であることを説明した。中日両国間の四つの政治文書とは、1972年の国交回復時に発表された〈国交正常化に関する中日両国の共同声明〉、1978年に調印された〈中日平和友好条約〉、1998年に双方から発表された〈中日共同宣言〉、2008年に双方から発表された〈戦略的互恵関係を推進することに関する共同声明〉を指す。この四つの政治文書は、歴史を尊重し、日本が中国を侵略した史実を認め、中日間に領土問題が存在することを認めたものであり、中日友好を守る"圧艙石"であり、中日関係をステップアップさせる"助推器"でもある。これらを守れば、中日関係のさらなる発展を擁護できるし、違背すれば破壊することになる。

外国人に向けて中国語で話をするとき、巧みに比喩を用いることは習近平の話しぶりの大きな特徴である。彼が"圧艙石"、"助推器"という言葉で対外関係における中国の基本的理念・原則・立場を説明したことは、精妙にしてかつ正鵠を射ており、簡にして要である。

60　　習近平の思想と知恵

中国は、太平洋の両岸に跨り、かつ各方面に恩恵を
与える地域協力の枠組みを構築する。太平洋が広大
であるというのは、いかなる自然障壁もないからで
あり、そこに人為的な壁を設けるべきではない。我々
はAPECの持つ先導的かつ協調的役割を推進し、開
放的包容的に共存共栄を図る考え方を揺るがせにせ
ず、マクロ経済政策によって地域内の自由貿易化を調
整し促進する協調関係を強化し、地域の一体化を深め、
"意大利麺碗"（スパゲッティ・ボウル）現象の出現を
食い止め、太平洋両岸に一層緊密なパートナーシップ
を構築し、ともにアジア太平洋地域の恒久的な発展を
模索するべきである。

　　——2013年10月7日、APEC商工指導者サミットにおける講演

"意大利麺碗" 現象の出現を食い止める
——アジア太平洋地域に一層緊密なパートナーシップを構築するべきだ

　"意大利麺碗" 現象とは、アメリカの経済学者バグワティが1995年に出版した『アメリカ貿易政策』で使われた言葉で、2国間自由貿易協定と地域貿易協定（「特恵貿易協定」と総称）の下で、それぞれの協定の異なる優遇措置と原産地規則がまるでスパゲッティのように絡まり合い、断ち切れず混乱をきたすことを指す。

　習近平がこの経済用語を用いたのは、アジア太平洋地域が協力を深め、経済・政治・安全保障などの面で不必要な問題や衝突が生じて地域の協力と発展に悪影響を及ぼすことのないようにしなければならないことを説明するためである。この言葉はまた、国際公用語を使って複雑な国際情勢を端的に述べ、なおかつ、中国側の観点と立場を毅然と表明することに長けている習近平の言語スタイルのもう一つの特色を示している。

　現在、アジア太平洋地域は世界で最も活力と潜在的発展力を擁する地域の一つであり、この点は2008年の金融危機後、特に際立っている。しかし、この地域の政治的情勢は複雑であり、平和と発展が依然として時代のテーマになってはいるものの、域内国家間における軋轢と衝突も絶えず発生し、一部の国では政情不安がしばしば起こり、その結果、政治、とりわけ安全保障における域内各国の "意大利麺碗" 現象がかなり顕著になっている。こういった状況を各国が重視しなければ、アジア太平洋地域、ひいては世界の平和と発展に重大な影響を及ぼすであろう。この点も、習近平が "意大利麺碗" 現象の防止を強調する所以である。

　経済貿易関係から見ると、アジア太平洋地域にはAPEC以外にも多くの貿易協定が併存しており、こういった協定間にも相互に衝突する部分がある。政治および安全保障の面では、一部の国が結託し、地域の不

安定を生む深刻な原因となっている。このほか、歴史的問題・地縁政治・領土紛争など戦略上の利害対立も各国の関係を複雑にし、常に先が読めず、安定を欠き、その結果、地域の一体化を進める足取りは数多の試練にさらされている。

　"意大利麺碗"現象の出現を食い止めるには、域内各国が相互の信頼と団結を強化しなければならない。相互の信頼は太陽の光のように貴重であり、互いに疑い警戒し合う地域に未来が開けることはない。アジア太平洋地域の平和と発展は必ずや各国の相互信頼の上に築かれるべきものである。習近平が呼びかけたように、域内各国は「互いの足を踏みつけたり、相殺し合ってはならず」、互いに支え、共栄を図り、協力してともにさまざまな試練に立ち向うべきである。そうする以外に、アジア太平洋地域の活力と潜在能力を十分に解き放つことはできない。

　中国には"沒有規矩，不成方円"（規則がなければ何事もうまくいかない）[注] という言葉があるが、"意大利麺碗"現象の出現を食い止め、起こり得る衝突や軋轢を回避するには、域内各国が共通して遵守する行動規範を確立しなければならず、APEC というシステムにおける各種の規則はその良い手本となる。域内各国の共通の利益を守るという観点から制定された各種の域内ルールは各国がともに遵守し擁護しなければならない。さもなければ、域内各国が力を合わせて問題を解決し、地域の発展が直面しているリスクや試練を制御することはできない。

　経済のグローバル化を背景に、アジア太平洋地域はすでに利益共同体・運命共同体になっており、一国の盛衰が全体の盛衰を左右すると言っても過言ではない。この地域の平和・発展・安定・安全保障に関わるすべての重要問題において、各国の言動はその一つひとつが建設的で、互いに支え合い、励まし合い、協力し合うものでなければならず、中国はこのために自ら努力することを願い、かつ努力し続けている。域内各国がこういった努力をしさえすれば、"意大利麺碗"現象の出現を食い止めることができ、アジア太平洋地域の活力と潜在能力が十分に解き放

たれ、地域の持続的繁栄・発展は必ず実現するであろう。

注："離婁之明，公輸子之巧，不以規矩，不成方円"『孟子』離婁上。

理想と信念は共産党員の"鈣"（カルシウム）である。理想がなかったり、理想や信念が揺らいでいれば、精神的にカルシウムが欠乏し、"軟骨病"に罹る。現実生活で一部の党員・幹部にさまざまな問題が生じるのは、結局、信念が曖昧で自己を見失っているからである。

　　──2012年11月17日、第18期中央政治局第1回集団学習における講話

"鈣"（カルシウム）と "軟骨病"
——信念が曖昧で自己を見失うことによる弊害

　"鈣"（カルシウム）は機能に優れ、化学物質としての性質がきわめて顕著な生命元素であり、多くの物質と結合して新しい物質を造り出す。カルシウムは人の健康にきわめて重要で、筋肉・神経・体液・骨格いずれに含まれるたんぱく質もカルシウムが結合したものである。カルシウムが人の体重の 1.5〜2.0％に達しなければ人体の健康は保障されず、カルシウム不足が成長発育と健康に影響を及ぼす。例えば、骨粗鬆症などの "軟骨病" はその生理的疾患の一つに数えられる。

　習近平は、この生命元素の "鈣"（カルシウム）と身体上の疾患である "軟骨病" を政治の領域に援用し、中国共産党員が理想や信念というカルシウムをしっかり持つことの重要性と、理想や信念に欠けることで "軟骨病" に罹る重大な危険性を提示した。

　中国共産党が最もカルシウム豊かで骨太な政党であることは歴史が証明している。中国共産党は民族が危急存亡の瀬戸際に立ったときに結成されたが、中国人民を導いて民族の解放と独立を勝ち取ったその偉大な道のりは、血に染まり、幾多の困難を経、筆舌に尽くし難い困難なものだった。もし、確固とした理想や信念がなかったならば、新時代を切り開く偉大な革命を完遂することは困難だっただろう。90 年余りで中国共産党がわずか数十名の小さな政党から今では 8000 万人余りを有する政権政党へと成長したことと、中国共産党員の確固たる理想や信念、精神や覚悟とを切り離しては論ぜられない。李大釗・劉胡蘭・夏明翰など数多くの優れた共産党員は、揺るぎない理想や信念を持ちつつ、中国革命の勝利を勝ち取るために自分を犠牲にした。社会主義建設の時期においても、こういった理想や信念は同様に共産党員が弛まず建設に勤しむ精神的な原動力になり、焦裕禄・孔繁森・楊善洲・郭明義などの代表的人物を輩出した。

では、なぜ現実に「一部の党員・幹部にさまざまな問題が生じ、時には信念が曖昧で自己を見失う者がいる」のか、原因を突き詰めると、政権が長期にわたるうちに、党員の中に、現実のさまざまな誘惑・試練に負け、自分を甘やかし、不用心になり、学習を怠け、気づかないうちに理想や信念が揺らぐ者が生じたのである。これすなわち精神上のカルシウム欠乏症である。また、それによって利己主義・享楽主義・拝金主義を信奉し、それに嵌まってしまい、理非曲直を判断すべき重大な問題に直面したときに進路を見誤ったり、金銭的誘惑を決然と拒否できなかったり、うまい話に乗せられたりとさまざまな問題が雨後のタケノコのように生じた。個人がそうなら集団もまた然りで、習近平は「徒党を組むことは許さない、利益集団を形成し互いに取引することは許さない」と繰り返し強調している。これは、各レベルの党員幹部に対する「大喝一声、痛棒の一撃」である。

　カルシウム不足で"軟骨病"に罹れば、それは、党員個人の成長と人生を台無しにするのみならず、党の存亡にも関わる。党の先進性はすべての党員が一体となって守るものである。なぜなら、人民大衆は個々の党員のイメージを党全体のイメージとして捉えるからである。とりわけ現代はもう「1人の賢者が多くの愚者を覆い隠す」時代ではなく、「1人の愚者が多くの賢者を覆い隠す」時代になっており、それゆえ、党員・幹部に対する要求もより高くなっているのである。この点も、習近平が理想や信念をしっかり持つことの重要性を繰り返し強調した原因となっている。

　カルシウム不足なら、カルシウムを補わなければならない。中国共産党の性格から、カルシウム不足を補うにはまず、マルクス主義の基本原理というこの伝家の宝刀たるカルシウムを補い、理論学習を強化し、理論上の不足を補い、理想や信念の土台をしっかり築かなければならない。理想や信念を実際の活動に反映させ、実践しつつ自分を磨き、社会主義的モラルの模範となり、信用を重んじる気風を牽引し、公平・正義

の擁護者となり、精神的カルシウムを補充し、人民の大いなる期待と希望に違背することなく、実際の行動で共産党員の人格的実力を示すことだ。大衆が嫌悪する、やたらにもめ事を引き起こすような輩になってはならない。同時に、カルシウムの流失がきわめて発生しやすいことも常に肝に銘じておくべきで、カルシウム不足の補給には"常"（常に）、と"長"（末永く）の2文字を忘れてはならない。食事や睡眠同様、カルシウム補給を自分の日課とし、怠ることなく継続することが必要である。

　理想や信念を共産党員の"鈣"（カルシウム）に喩え、1文字を巧みに応用することで理想や信念という抽象的な概念を我々一人ひとりに引き寄せ、理想や信念をしっかり持つことの重要性に対する我々の認識を深めた。まさに1字の妙といえよう。

"踏石留印"（石に足跡を残し）、"抓鉄有痕"（鉄に爪痕を残す）よう、力を込め終始一貫全力を尽くし、しっかり取り組んで成果を挙げ、竜頭蛇尾を避け、全党・全人民が監督し、また、大衆が常にありのままの成果と変化を目にするようにしなければならない。

——2013年1月22日、第18期中央紀律検査委員会第2回全体会議における講話

"踏石留印"、"抓鉄有痕"
——良い気風を確立するにはくじけず粘り強く

　"踏石留印"、"抓鉄有痕" とは、本来、人が石を踏んだり、鉄を掴んだりしたときに、その足跡や爪痕を残すべきことを指しており、事を行うにあたり、目標を達成するまではあきらめない、やるからには必ずしっかりやり遂げるという精神の喩えに使われる。習近平はこれらの比喩を用いて「我が党は良い気風を確立し、腐敗を糾すことに引き続き力を入れる」という固い決心を強調し、やるとなったら徹底的にやるという新しい中央指導者たちの不屈の粘り強さを際立たせているのである。

　この力強く歯切れのよい八文字は、進んで責任を担い、地道に仕事に取り組み、真実を追求しようという習近平の仕事ぶりを最もよく反映したもので、毅然として、真心と正気、自信と決心に溢れ、よく意を尽くし、時宜にかない、磨き上げられた1文字1文字が重厚かつ正鵠を射ている。

　実直に掘り下げる気風は中国共産党の優れた伝統である。かつて毛沢東は、「世に恐るべきは "認真"（真面目）の2文字である。共産党はその "認真" を最も重んじる」と述べた。実直な気風は、中国共産党が艱難辛苦を克服し、人民大衆の擁護を勝ち得た重要な要素である。革命の時期であろうと平和建設の時期であろうと、実直に取り組めば結果が伴い、逆に、着実な結果を生み出すよう懸命に努力しなければ、気風を変えることなどできない。中国共産党18全大会以降、新しい中央指導者層の "踏石留印"、"抓鉄有痕" という仕事に対する姿勢と気風は人々の耳目を一新させ、新時期における中国共産党の優れた気風のさらなる発展を体現している。

　現実的には、"踏石留印"、"抓鉄有痕" の気風どころか、痕跡や爪痕が跡形もない地域や部門の存在が避け難い。仕事はトンボが尾で水面をつつくように上辺に触れるだけ、問題は避けて通り、地道に取り組むの

70　　習近平の思想と知恵

はほんの一刻、騒ぎ立てるがそれ以上追求せず、あとは野となれ山となれ、深める気もなく、続ける気もない。さらには保身に汲々とし、真実に立ち向かおうとせず、鋭鋒を避け、恐れ慄いてばかりいる。このようなふらついた気弱な仕事ぶりや精神状態は社会主義建設事業に有害であり、庶民にとっても憎むべき存在である。

　気風を正し腐敗を撲滅するには"踏石留印"、"抓鉄有痕"といった精神を終始維持しなければならない。これは思想上の問題であり、また、方法の問題でもある。これを気風の是正や腐敗撲滅活動に反映するには、手加減や見せかけを戒め、まして、ちゃらんぽらんや三日坊主などもってのほか、長期にわたる効果的なシステムを確立し、粘り強く徹頭徹尾やり続け、まごうかたなき確かな効果を人民大衆に披露しなければならない。

　"踏石"、"抓鉄"は文字通りしっかりやらなければならない。"踏"と"抓"が前提であり、それをやらなければ、"印"（しるし）も"痕"（あと）も残りようがない。トンボが尾で水面をつつくようにただ表面を刷くだけ、尻に帆かけて困難と見ればするりと身をかわす、真剣に取り組むこともなく、"踏石"する科学的な方法・努力に欠ける、これでは成果が出るはずもなく、実際的な効果は望むべくもない。同時に、"踏"と"抓"には重要なポイントがある。何でもかんでも一緒くたにやるのではなく、党中央の重要な方針、重要な手配りを重視し、実際の活動における主な矛盾とキーポイントをしっかり把握し、科学的かつ効率的に進めなければならない。

　やり方も大事である。"踏石留印"、"抓鉄有痕"は乱暴に滅多やたらにやってはならない。さもないと、痛みの"印"と"痕"を残してしまう。したがって、そのパワーを科学的かつ賢く使い、"抓"する中で学んで実用に供し、"踏"する中で考えて智恵を膨らませるべきで、それによってはじめてより良く素早い"印"と"痕"を残すことができる。

　成果も大事である。"踏石"、"抓鉄"は土台でありキーポイントであ

る。"留印"、"有痕"は目的であり、成果である。今、我々はまさしく改革を全面的に深めるという胸突き八丁に差しかかっており、直面する矛盾・問題・困難はまだまだたくさんある。党中央の手配りや要求を断固としてやり抜き、"踏石留印"、"抓鉄有痕"という勇気と気概を持って問題に真っ向から取り組み、矛盾を解きほぐし、問題を解決すれば、中華民族の偉大な復興という中国の夢は必ず実現できるだろう。

党内を厳しく律し、処罰を行うその手を緩めてはならない。"老虎"（トラ）や"蒼蝿"（ハエ）はともにあくまでも逃さず、指導的幹部の違法行為を断固取り締まるとともに、大衆の身辺で発生する不正と腐敗もしっかり解決しなければならない。

──2013 年 1 月 22 日、第 18 期中央紀律検査委員会第 2 回全体会議における講話

"老虎"や"蒼蠅"を叩け
──不正や腐敗は断固として取り締まる

　日常生活において、トラは人に恐れられる猛獣であり、ハエは人に嫌がられる害虫である。ここでは、その"老虎"や"蒼蠅"を腐敗分子に喩えている。すなわち、"老虎"は地位が高く権力のある腐敗分子およびその関連重大事案を指し、"蒼蠅"は地位がそれほど高くない腐敗分子を指す。彼らの大小さまざまな悪事、強請りたかり、法律の恣意的運用に庶民は恨み骨髄である。

　数年前、巷ではこんな懸念が飛び交った。「反腐敗といったって、"蒼蠅"を叩くだけで、"老虎"まではやらないだろう」と。それというのも、昔から"老虎屁股摸不得"（トラの尻は撫でるな）というからである。この民衆の懸念に対し、習近平は「"老虎"も"蒼蠅"も一緒に叩く」として、腐敗取り締まりに対する中国共産党の断固たる決心と決然とした態度を明らかにした。中国の諺で"上樑不正下樑歪"（上の梁が正しくなければ下の梁が歪む）というが、実権を握っている上層部の汚職は、ともすれば千万元、時には億元を超え、社会に深刻な悪影響をもたらす。もし"老虎"を放置すれば、それに倣って"蒼蠅"もますます増え、ひいては国そのものが危うくなる。

　それゆえ、腐敗撲滅で真っ先に叩くべきはまず"老虎"なのである。その他、目を向けなければならず、かつ一般民衆が日頃から肌身で感じているのが、日がな身の周りをブンブン飛び交う"蒼蠅"で、その腐敗はほとんどが、災害援助費用を流用する、土地収用補償金を横領する、教育経費や農民出稼ぎ労働者の給料や社会的弱者への補助金の上前をはねる、さらには司法上の不公平といったような民衆の切実な利害に絡むもので、その内容はきわめて悪質であり、党と大衆の関係を直接阻害し、放置すれば、"老虎"同様、執権政党たる党の地位と社会の安定を危うくすることは必定である。「"老虎"も"蒼蠅"も一緒に叩く」ことは腐

敗撲滅における弁証法を体現したものである。

　庶民が最も関心を持っているのは「どの程度実行されるか」である。習近平が断固、「"老虎"も"蒼蠅"も一緒に叩く」と表明したことは人々を瞠目させた。18全大会以来、党中央が腐敗撲滅をより密により力強く行ったことは、民衆にとって一服の清涼剤であった。周永康について立件審査し、薄煕来と徐才厚を法に基づき処罰し、さらに劉志軍や将潔敏など省部級[注1]の高官の失脚に至るまで[注2]、"老虎"が次々と捕獲され、人々は拍手喝采した。統計によれば、2010年末から2014年7月までに40名余りの省部級高官が処分されており、各地区や部門で処分された"蒼蠅"に至っては数知れず、外国メディアは、共産党の反腐敗運動はとことんやる気だ、と驚嘆している。

　当然のことながら、腐敗撲滅の赫赫たる成果は、別の面から見れば、それがいかに困難で複雑かつ長期的な問題であるかを物語っている。官僚の腐敗は世界的にも難題であり、ある一国、ある政党独自の問題ではない。古今東西、いずれにも常に存在している。中国共産党は執権政党として従来から反腐敗活動を重視し、自分の体内に生じた腫瘍を自ら暴き、断固排除してきた。すなわち、旗幟鮮明に本気になって"老虎"を叩き、"蒼蠅"を叩き、中国共産党の成熟度や自信・気迫をより一層体現してきた。しかし、同時に我々は、腐敗が生じ蔓延する土壌は現在なお存在しており、短期間に完全に消滅することはありえない、ということを肝に銘ずるべきで、戦いが長期にわたることを覚悟する必要がある。

　習近平は"老虎"、"蒼蠅"という言葉を巧みに引用し、腐敗撲滅という正義に関わる大問題における党中央の原則的立場と政治的措置をわかりやすく生き生きと説明し、それによって腐敗分子を震撼させ、民心の共感を得た。すなわちこれは政治的宣言であるとともに厳粛な公約でもあり、含意は深く、方向は明確で、まさしく一言一句に千金の重みがあり、気迫に満ち溢れている。

"老虎"や"蒼蠅"を叩け　　**75**

注1：中国では、党や政府の幹部は、国家級・省部級・庁局級・県処級・郷科級五つのランクに分けられ、さらにそれぞれの中で、正職と副職に分かれている。

注2：周永康・薄熙来・徐才厚・劉志軍・将潔敏はいずれも習近平政権以後、摘発処分された大物。周永康は政法部門を牛耳り、薄熙来は重慶を根城に権力の伸長を図り、徐才厚は軍を私物化し、劉志軍は鉄道王国、将潔敏は国有資産監督管理委員会を足場に私腹を肥やした、とされる。

教育実践活動は自己浄化・自己完成・自己革新・自己向上に着眼し、"照鏡子、正衣冠、洗洗澡、治治病"（鏡に照らし、襟を正し、沐浴し、過ちを糾す）ことを全体目標に置くべきである。

──2013 年 6 月 18 日、党の大衆路線教育実践活動工作会議における講話

"照鏡子、正衣冠、洗洗澡、治治病"

——大衆路線教育実践活動工作会議の根本的な目標

　古人曰く、「銅を鏡として衣冠を正し、古を鏡として興亡を知り、人を鏡として得失を明らかにする」[注]。党の大衆路線教育実践活動を党全体で深く掘り下げ展開するにあたり、習近平が"照鏡子、正衣冠、洗洗澡、治治病"を全体目標に定めたのは、悪しき風潮やはびこる不正を大々的に精査・修正・一掃し、党の自己浄化・自己完成・自己革新・自己向上能力を高め、中国独自の社会主義事業における新局面を切り開こうというものである。この全体目標は、当面を視野に入れ、長期的観点に立ち、明確でわかりやすく、現実を踏まえており、非常に的確かつ示唆に富んでいる。

　"照鏡子"とは、主として党の規定を鏡とし、党の規律、大衆の願い、優れた手本、さらにまた気風の刷新を求める声にも照らし、目的意識・勤務態度・清廉度をチェックし、民衆との隔たりや問題点を知り、歩むべき道を明らかにすることである。党の基本理論を鏡とし、共産主義の理想と信念を堅持し、中国独自の社会主義における理論・道筋・制度に対する自信を揺るぎないものにしなければならない。"照鏡子"しなければ、党に対して顔向けができない。

　党の規定は党の基本法であり、最高の行動規範であり、党員幹部の言行規範でもある。党の規定を鏡として民衆との隔たりや問題点を知るべきで、特に、党の方針を実践し、大衆路線を貫き、清廉潔白を保つなどの面ではさらに"照鏡子"しなければならない。また、大衆の願いを鏡とし、社会の末端へ、現場へ、大衆の中へと分け入り、調査研究を行い、職務において至らざる部分を反省し、いかにして気風を正すかを明確にしなければならない。

　"正衣冠"とは、主として「民衆のために誠実かつ清廉であれ」という要請に応え、自らの欠点や不足を進んで正視し、党の規律、特に政治

紀律を厳として明らかにし、進んで思想に親しみ、矛盾や問題を正面から見据え、自ら率先して即座に改め、行いを正し、共産党員としての修養を自覚し、党員の義務をきちんと弁え、党の規律と国法を厳守し、共産党員としての品格を保つことである。"正衣冠"してこそ、民衆に親しく接することができる。"照鏡子"することで発見された民衆との隔たりや問題点に対しては、党や人民に対する高い責任感と強い自省心・自律心によって自己浄化・自己完成・自己向上を真面目に行わなければならない。すでに存在している矛盾や問題に対しては、無視せず、回避せず、責任逃れをせず、進んで直視し、誤りを正し、それに取り組み、大衆と距離を置かず、大衆に虚心に学び、真実に耳を傾け、真実を理解し、「民衆のために誠実かつ清廉である」という品格をさらに磨き上げ、民衆に心から信頼されなければならない。

"洗洗澡"とは、主として、整風の精神で批判と自己批判を行い、問題が発生した原因を深く分析し、思想と行動がかぶっている埃を打ち払い、共産党員の政治的真面目を保つことである。批判と自己批判という武器を手にしてさまざまな悪しき風潮と戦うには、実際の問題と思想上の問題を解決しなければならない。"洗洗澡"しなければ、ウイルスの侵入を防ぐことはできない。指導的幹部はよく"洗洗澡"し、体にこびりついた垢を落とし、真実を語り、内実の伴った仕事をし、民衆の憂いを解き、自己分析を深め、真摯に批判を受け止め、批判と自己批判というやり方によって問題を明らかにし、認識を高め、気風を正さなければならない。

"治治病"とは、主として、"懲前毖後、治病救人"（以前の失敗を糧として病を治し人を救う）ことであって、個別の状況に応じて対策を施し、挙措に問題がある党員や幹部に対しては教育を通して覚醒を促し、問題が深刻であれば摘発し、不正を働いたり悪質な場合は特別捜査を行う。したがって、党員幹部は末端へ深く入り込み、人民を師と仰ぎ、幅広い大衆の擁護と支持を取りつけ、無数の人民の知恵を結集させなけれ

ばならない。"治治病"してこそ胸を張り心も軽く前進することができるのである。全体目標の中で、"治治病"は党の大衆路線教育実践活動における帰着点・立脚点である。かつて毛沢東が指摘したように、「"懲前毖後、治病救人"に学ばなければならない」。それゆえ、"治治病"は人を救うことを目的とする一方、今後に備えることにも気配りし、不正を糾すとともに広く存在する問題に手を加え、制度上の原因を探り、根本を正す工夫をしなければならない、同時に、病を治療した経験を総括し、そこに現れた法則を見つけ把握し、悪い芽は早めに摘み取り、制度とシステムの面から問題を解決しなければならない。

　古人曰く、"吾日三省吾身"（吾、日に吾が身を三省す）、各共産党員、とりわけ党員・指導的幹部は、日ごろから"照鏡子、正衣冠、洗洗澡、治治病"を心掛け、常に自重し、自省し、自らを戒め、自らに鞭打ち、確固たる理想と信念を持ち、仕事への態度を確実に改め、正しい価値観を確立し、中華民族の偉大な復興という中国の夢を実現するために努力奮闘しなければならない。

注：原文は"以銅為鏡可以正衣冠，以古為鏡可以知興替，以人為鏡可以明得失"。『旧唐書』の一節。唐の太宗が、宰相魏徴の死を悼んで述べた言葉。

このあたりはよく知っています。昔、下放したとき
は自転車に乗って来たものです。今日は皆さんの話を
伺いに来ました。村の皆さんにお目にかかり、"接地
気"（広く触れ合い）、"充充電"（充電）したい。

──2013 年 7 月 11 日、河北省正定県塔元庄村の幹部・大衆を訪問
　　したときの講話

"接地気" と "充充電"
——指導的幹部は社会の中に深く入り、大衆に学ばなければならない

"接地気" は本来民間用語で、"地気" とは大地の気を指す。すなわち、地底から地上に溢れ出る気である。"接地気" とは、大地に触れ、その息吹を取り込むことで自然に順応し、健康を増進することをいうが、現在ではよく一般大衆の中に深く入り込むことに喩えられる。"充電" は本来科学技術用語で、電池などに電気を補充する過程を指す。電池は「そのエネルギーを放出消耗した後、充電によって回復し放電できる」という循環を形成しているが、今は、組織や個人がパワーや知識を補充し、それによって絶えず進歩向上する意味に喩えられる。

"接地気" は近年広く流行している言葉で、〈咬文嚼字〉[注1] の中国「2020 年十大流行語」の一つに数えられた。習近平はこの流行語で自らを督励し、また、広範な幹部とともに精励している。その趣旨は、党と政府の各レベルの幹部がみな社会の中、大衆の中に深く足を踏み入れ、一般大衆に学び、その意見に耳を傾けるよう強調するところにある。この点からいえば、"接地気，充充電" は、実は党の大衆路線教育実践活動の基本的要求にほかならない。

長年社会の最前線で勤務した経験が習近平と一般大衆の間に自然の感情を育み、"接地気，充充電" に対する強い共感を呼んでいる。1969 年から 1975 年まで、習近平は知識青年として陝西省延川県文安駅公社梁家河大隊に配属され、1982 年から 1985 年は河北省正定県で勤務した。したがって、高級幹部の家に生まれたにも関わらず、習近平は社会の第一線で働いた豊富な経歴があり、それが民情をよく理解し熟知することにつながっている。彼が "接地気，充充電" を口にすることがかくも自然であり、適切である所以だ。

大衆と密接に連携することは、中国共産党を向かうところ敵なしにした三種の神器の一つである。革命戦争時期、中国共産党に政治的リソー

82　　習近平の思想と知恵

スはなく、広範な大衆と一体になることで党の活力の源とし、庶民の心のこもった擁護と強力な支持があって初めて革命に勝利した。井岡山の時期、延安の時期であろうと、西柏坡の時期[注2]であろうと、党は大衆とともにあり、"接地気"は中国共産党の優れた伝統になっていた。

　中国共産党は、人民を導いて政権を獲得した後も依然として大衆との緊密な関係を非常に重視し、保ってきた。しかしながら、平和な環境で長期にわたって政権を担ってきたため、指導的幹部の一部は、会議室で報告を聞き、決済を下すことに慣れ始め、第一線に出て民情を知り、民衆の意見や提案に耳を傾ける回数も減り、民衆とのつながり、心の触れ合いも淡白になった。その結果、党と民衆の関係、幹部と民衆の関係がぎくしゃくし、多くの事柄で効果的なコミュニケーションが取れず、些細なことが大問題になってしまっている。実際、現在明るみに出ている多くの問題や矛盾の直接的かつ根本的な原因は、関連指導部門と大衆の間に効果的なコミュニケーションが欠け、"接地気"されていないからである。

　人民大衆は歴史の創造者であり、自身の生産生活を実践する中で貴重な経験を積み、党と政府の路線・方針・政策の良し悪し、執行の適切不適切について最も発言権を擁している。したがって、各レベルの幹部は必ず"接地気"を実行し、民情を把握し、その声に耳を傾けなければならない。同時に、実践と確信の源泉は社会の基層にあり、第一線の民衆に直接学ぶことで自分が"充電"できるのである。この両者が結びついてこそ一般大衆の現実の困難をより良く解決でき、それによって民衆に認められ、各種の矛盾や問題を解きほぐし、社会の調和の取れた発展を推進できるのである。

注1：上海文化出版社が発行している月刊誌。
注2：井岡山の時期、延安の時期、西柏坡の時期とは、いずれも中華人民共和国成

立前の一時期を指す。井岡山の時期とは、1927 年以降、毛沢東らが江西省井岡山に立てこもった時期を指し、延安の時期とは、長征後から抗日戦争期にかけて陝西省延安に党中央があった時期を指し、西柏坡の時期とは、1949 年に党中央が当時の北平（今の北京）に入城するまで臨時に河北省西柏坡に滞在した時期を指す。

60 年余りが過ぎ、我々は大きく進歩した。中国人民は立ち上がった。豊かになった。しかし、**我々が直面している試練と課題は依然険しく複雑であり、党が直面している "赶考"（受験）はまだまだ終わらない。**

──2013 年 7 月 11～12 日、河北省の視察で党の大衆路線教育実践活動を指導したときの講話

"趕考"
──党が直面している新しい試練と危機意識

　"趕考"は本来、古代社会の科挙制度の産物で、読書人が科挙に応募して功名を手に入れることを指した。現代中国語では主に、人がある事柄を成し遂げようとするときに直面する試練に喩えられる。中国共産党の歴史の中では、毛沢東が初めてこの言葉を用いた。1949年3月23日午前、中国共産党中央は西柏坡から、すでに解放された北平（今の北京）へ遷った。その道すがら、毛沢東は興奮して周恩来にこう言った。「今日は都へ入る日だ。都へ"趕考"に行くのだ」。周恩来は笑って答えた。「我々は試験に合格しなければならず。引き下がるわけにはいきません」。毛沢東が言った。「そうなったら失敗だ。我々は決して李自成[注1]にはならない。良い成績を上げようではないか！」。毛沢東が「都へ"趕考"に行く」と言う比喩を用い、さらには「李自成にはならない」と言ったその意図は、全党に「党の主要な任務が武力による政権奪取から社会主義建設の全面的な展開へ向かい、党の中心的活動が農村から都市へ向かうときに当たり、党は新しい厳しい試練に直面するだろう」と戒めたのである。

　習近平が西柏坡で「党が直面している"趕考"（受験）はまだまだ終わらない」という重要な論断を下したのは、新しい情勢、新しい任務を目の前にして、党の指導レベル、統治レベルがその試練に直面するだろうことを説いているのである。

　"趕考"という心構えを維持し、革命時期の謙虚さ慎み深さを忘れず、威張らず、浮かれないという刻苦勉励に努める気風を守ること、それが、中国共産党が社会主義革命とその建設で次々と偉大な成果を挙げた奥義の一つなのである。成果は過去のものでしかなく、試練はとどまるところを知らない。いわんや、我々は発展途上においてさらに多くの問題・困難・矛盾に直面している。経済体制の改革、社会構造の変動、利益構

造の調整、思想観念の変化が抜本的に進行しているこの転換期に、中国共産党は長期政権・改革開放・市場経済・外部環境という試練に直面しており、気の緩み、能力不足、民衆からの乖離、腐敗といった危険も突出してきている。

　厳しい複雑な試練に直面し、習近平は"趕考"という言葉で全党を戒めたが、これは歴史を深く掘り下げた総括であるとともに、現実に対する冷静な認識でもある。"趕"という字には旦夕を争う緊迫感がある。現在、全面的に改革を深める任務は困難かつ重大であり、「二つの百年」[注2]に関わる壮大な目標を実現するにはなお「任重くして道遠し」の感があるが、バラ色の生活に対する人民大衆の思いはさらにヒートアップしている。それは、中国共産党の指導と統治に対してより高いレベルを求めており、"趕考"の心で取り組まなければ、意気軒高と向上に取り組む精神を常に保つことは難しく、また、あらゆるチャンスを逃さずに困難に立ち向かっていかなければ、時代が与えた使命を辱めず、人民の負託に応えることはできない。

　"趕考"とは気風の確立に工夫を凝らすことであり、謙虚で慎み深く、威張らず浮かれない気風を保ち続け、なおかつ刻苦奮闘する気風をも保ち続けることは、歴史が積み上げてきた優れた伝統であり、その伝統を見失ってはならない。喜ばしいことに、18全大会以降、党中央は党における清廉な政治的気風の確立を重要任務とし、これに取り組み、8項目の規定[注3]を断固徹底させ、トラもハエもともに叩く手を緩めなかった。この結果、党の政治的風土は一変し、人民大衆はこぞって欣喜雀躍したのである。

　"趕考"はさらに、評価を下されチェックを受ける覚悟を持たなければならない。試験問題はその時代と人民が一緒になって共産党員に出題し、試験が終了すれば、答案が正しいかどうか、歴史と実践に照らして判断される。正しければしっかり続け、間違いであればすぐさま修正する。執権政党が"趕考"する場合、試験官は人民であり、答案に何点を

つけるかは人民大衆が決める。人民が監督する中、絶えず試験の成績を向上させてこそ、人民が満足する答案を作成することができる。

　古人曰く、「生於憂患，死於安楽」（憂患に生きて安楽に死す）[注4]、"趕考"に終わりはない。ただ前進あるのみ。

注1：明末の農民反乱の指導者。1644年、一時北京を占領したが、不成功に終わった。

注2：中国共産党成立100周年の2021年には、誰もが貧困を抜け出す全面的"小康社会"を実現すること、新中国成立100周年の2049年には、富強で民主的、また礼節があり調和のとれた近代的な強国を築き上げることを指す。

注3：中国共産党中央政治局が2012年12月に採択した整風に関する8項目の規定。会議や書類の簡素化、視察や調査活動の規範化、報道や警備の改善、勤勉、契約の励行など多岐にわたる。

注4：出典は『孟子』告子下。「人は憂いあれば生きようと努力するが、安楽に慣れると油断して死を招くことがある」

気風を改めるとは“囲城”（包囲網）、“玻璃門”（ガラスのドア）、“無形牆”（目に見えない壁）を打破し、現場に足を深く踏み入れ、民衆の中へ深く入り、その息吹により多く触れることだ。

　　　　──2013 年 7 月 23 日、湖北省指導幹部座談会での講話

"囲城"、"玻璃門"、"無形牆" を打破する
——職務上の気風を改め、大衆と密接に関わる

　"囲城"、"玻璃門"、"無形牆" はいずれも我々中国人がよく知っている単語である。習近平はこの三つの単語を比喩として用い、党員幹部、とりわけ指導的幹部に見られる社会や大衆から遊離した現象を指摘し、こういった溝をなくし、正真正銘大衆に寄り添わなければならないことを強調した。

　党員幹部、とりわけ指導的幹部の気風の問題は、党と大衆、幹部と大衆の関係の良し悪しを左右するため、習近平はわかりやすい比喩を用いて問題の重要性を説いた。例えば、"接接地気，充充電"（広く触れ合い、充電する）という言葉で現場に深く入り大衆に学ぶことの重要性を表現、大衆が嫌う "作秀"（パフォーマンス）という言葉で一部幹部の上辺だけを取り繕う悪しき風潮を表現するなどである。"囲城"、"玻璃門"、"無形牆" を打破するとは、党と大衆、幹部と大衆の関係に悪影響を及ぼす病巣と、それをどう解決するかに特に着目した表現である。こうしてみると、これらの適切な比喩は同一のテーマを取り扱っているが、それぞれにまた力点の置き所があり、相関関係もある。

　革命時期、党と大衆の間には、"囲城"、"玻璃門"、"無形牆" などといったものは存在せず、党と大衆はまさに水魚の交わりであり、一つに融け合っていた。執権政党となったのちも、大衆との骨肉の関係を保つことを十分重視したが、畢竟、政治は革命とは異なり、一部の党員幹部は、大衆に寄り添うことをもはや差し迫って必要なこととして捉えず、その結果、幹部の多くが大衆との間に次第に目に見えない壁を築いてしまった。一部の幹部が「自分は民衆とは違う」と考え、民衆を異質なものと捉え、ひたすらこれを避けた結果、"門難進、臉難看、事難辦"（役所に入りづらい、役人の顔がまともに見られない、事務処理をなかなかしてくれない）といった現象が生じた地方や部門もあり、民衆の悩みを

解決する、民衆のために尽くすことなど望むべくもなくなってしまった。こういった現象は民衆との接触が最も多い現場でとりわけ顕著で、民衆の怨嗟の声も特に大きい。

　古人曰く、「政者，正也。子帥以正，孰敢不正。」（政は正なり。子帥いて正しければ、孰か敢えて正しからざらん）注1。職務に取り組む気風を改め、大衆に親身に寄り添うという点において、習近平を総書記とする党中央は良い手本となった。習近平が河北を視察で訪れ、民衆と歓談し食事をともにしたときの一汁四菜にせよ、武漢を視察したときにズボンをたくし上げて水たまりに足を入れたことにせよ、その一つひとつの行動はすべて、身をもって範を示し、先頭に立って意識を変えようという具体的な意思表現である。

　"城"、"門"、"牆"をぶち破ろうとするには、党員・幹部が共産党員としての修養を高めなければならない。特に各方面の環境が大いに改善されたこの時代では、なおのこと絶えず学習を強化し、大衆意識を確立し、誠心誠意人民のために尽くすという党の趣旨を深く理解し、職務態度を改善し、大衆に深く寄り添うことに関する党中央の8項目の規定を徹底して実行し、大衆の思いを受け止め、大衆の求めに素早く応じ、心底から大衆のためを心掛け、真心を持って接し、家族同様に思いやってこそ、幹部と大衆の間に横たわる分厚い壁をぶち破ることができる。

　"城"、"門"、"牆"をぶち破ろうとするには、大衆の中へ入り、大衆を受け入れなくてはならない。一方で、党員・幹部は、オフィスに座り報告を聞き、資料に目を通せばそれで仕事をちゃんとこなしたことになるなどとは思わずに、外へ出ていくべきである。オフィスを出て現場を自分の目で調査し、その声に耳を傾け、民衆の中へ入って民情を理解し、その声を聴き、抱える問題を解決し、時を逸せず現場と民衆の偽らざる状況を把握しなければならない。その一方で、党員・幹部は民衆を上手に受け入れなくてはならない。オフィスに招き入れ、党や政府の仕事内容を紹介し、その困難さを知ってもらい、政策を策定するときには民衆

の意見や提案をより多く募り聴取すべきである。こうすることで党員・幹部と現場・大衆との間の双方向の交流が増え、相互に理解し、思いやり、相手の立場に立って考えることが初めて可能になる。党と大衆、幹部と大衆の間の誤解や隔たりも自ずと次第に解消しようというものだ。

　"紙上得来終覚浅，絶知此事要躬行"（書物から得たものは結局は浅薄であり、そのことをしっかり理解しようとするなら実践しなければいけない）注2。職務態度を変えるには、大衆に寄り添うことの重要性を思想面で十分認識する必要があるのみならず、党員・幹部一人ひとりが自ら実行し実践することがより重要である。党が一丸となって大衆路線を実践する風を巻き起こさなければ、党員・幹部と大衆との間の"囲城"、"玻璃門"、"無形牆"を瓦解させることは不可能だろう。

注1：出典は『論語』顔淵第十二。「政（まつりごと）とは正しいという意味であり、あなたが率先して正しくされたならば、だれもが正しくなろうと務めるでしょう」
注2：陸游の詩〈冬夜読書示子聿〉。

組織の規律を着実に実行すべきで、特別な例外的やり方を行ってはならない。各レベルの党組織は進んでこの点に力を入れ、管理し、それによって紀律を正真正銘"帯電的高圧線"（電気の通った高圧線）にしなければならない。

──2014 年 1 月 14 日、第 18 期中央紀律検査委員会第 3 回全体会議における講話

"帯電的高圧線"
——組織の規律を着実に実行し、厳格に守る

　高圧線は本来科学技術用語で、通常、電圧 10 キロボルト以上の送電線を指す。高圧線が通電しているときに触れれば死に至る。習近平は紀律を高圧線に喩え、党の規律は厳格に実行し守るべきで、違反すれば厳しい処分を科すことを示唆した。これは、当面の党建設の現実を捉えた強いメッセージであり、党の純潔性と先進性を維持する上で重要な指導である。

　紀律とは、集団の利益を守り、業務の順調な進展を保障するために組織のメンバーが順守すべき規則制度である。それは、行動規範として人類社会の誕生とともに生じたものであり、強制性という際立った特徴を備えている。古人が"千人同心，則得千人之力；万人異心，則無一人之用"『淮南子兵略訓』と説いたのは、「千人が力を合わせれば千人力だが、万人でも、結束を欠けば一人の役割さえ果たせない」という意味で、組織にとって統一された行動規範がいかに重要であるか、組織の存亡に関わるかを如実に表現している。

　現代社会において紀律の果たす役割はなおさら際立っている。ある社会団体あるいは組織の成否は、往々にしてその紀律の良し悪しおよび執行状況と密接に関わる。執権政党の鉄の規律は、その健全な発展を促すのみならず、危険を除去する一助にもなり得る。逆に、紀律が緩み、統制が弱まれば、執権政党の発展に測り知れない深刻な結果をもたらすであろう。

　中国共産党にはかなり整った組織上の規律と制度があり、紀律の厳格さは中国共産党が革命に勝利した秘訣の一つであったと同時に、中国共産党が絶えず力強く発展し、中国人民を指導して改革開放と社会主義建設事業の偉大な成果を獲得し続けたことを根本的に保証するものでもあった。したがって、党の規律は現代中国が発展し続けるための重要な

礎なのである。

　しかしながら、現実では「党の規律が効果的に貫徹実行されていない」という非難を幅広く受け、不正さらには腐敗が蔓延している。これらはいずれもが党の規律に違背しており、党の権威を損なうだけでなく、執権政党としての基盤を弱体化させ、党の行政能力と中国社会の発展力をも弱めてしまう。民間で流行している「高圧線はどこにもあるが、電気の通らぬ線ばかり」という言葉は、一部の地域や部門での紀律の緩み、さらには有名無実化に対する人民大衆の強い不満を吐露している。これまで、党員、とりわけ指導的幹部に対する紀律違反規定は決して少なくなかったが、多くの場合、そういった地域では違反行為の処分に手加減をしすぎており、その結果、党の規律や規定は「電気の通らない高圧線」（絵に描いた餅）になってしまい、当然備わるべき制約・警告といった役割も自ずと発揮されにくい。

　以上からわかるように、党の紀律を本来の"帯電的高圧線"にするにはやるべきことがたくさんあるが、最も重要なのは、紀律の執行に工夫を凝らし、違反行為には真っ向から、かつ巧みに剣を振りかざすことである。どんなに完璧で良い紀律でも、厳格に執行されなければ、果たすべき役割と効力を発揮しにくい。

　党の紀律は絶対であり、高圧線である。何人たりともこれを違えてはならず、その執行に対する監督、違反に対する処罰、順守のための教育に意を注ぐべきで、紀律を無視し、わがまま勝手に振る舞い、やりたい放題をする者に対しては、旗幟鮮明に、容赦なく断固鉄槌を加える。すなわち、党組織の紀律を破壊するものに対しては、情け容赦なく、決して妥協したり、聞こえない振り見えない振りをせず、違反したさまざまな行為は時を逃さず発見し、注意を喚起し、制止し、小事が大事にならないようくい止め、党の紀律を真に"帯電的高圧線"にしなければならない。

反腐敗という厳しい姿勢を引き続き堅持し、情け容赦なく腐敗を撲滅しなくてはならない。腐敗分子に対しては、発見するごとに断固これを処分すべきである。"抓早抓小，有病就馬上治"（早いうち、小さなうちにこれを把握し、病は速やかに治療する）、問題は速やかに処理し、禍根を残さないようにしなければならない。

──2014 年 1 月 14 日、第 18 期中央紀律検査委員会第 3 回全体会議における講話

"抓早抓小，有病就馬上治"
——腐敗を退治するには、問題を発見したら速やかに処理する

　"抓早抓小，有病就馬上治"は中国庶民がよく使う言葉である。例えば、中国の親たちは子供の教育問題となると常に"抓早抓小"、すなわち土台作りを強調する。医者は科学普及講座でやはり"有病就馬上治"、些細な病気を大病にしないよう早めの治療を呼びかける。"養癰遺患"[注1]は典故に基づく四字成語で、腫物を放置しておけば病となることをいうが、「悪人や悪事は放置すればより深刻な結果をもたらす」という意味で使われる。

　習近平が"抓早抓小，有病就馬上治"、"不能養癰遺患"といった象徴的な表現や典故による成語を用いたのは、反腐敗という重大な政治任務では、早めに介入・干与し、その作業を前面に掲げて腐敗を未然に防ぎ、その芽を早めに摘むべきことを説くためである。

　古人曰く、"千里之堤潰於蟻穴"[注2]。その意味は「千里の堤も往々にして小さなアリの穴で崩壊する」ということだが、腐敗も同様である。腐敗が生じるには、量から質への変化もあり、それらはすべて小さな腐敗から徐々に大きな腐敗へと変わるのだが、そのほとんどの者が、問題を起こした当初に誰かが警告を与えていれば、そのまま突っ走ってしまうことはなかったであろう。腐敗分子はさらに脱皮していくその過程で、理想や信念もなし崩しになっていく。この点から考えると、反腐敗という重大な任務の中で"抓早抓小"は重要である。早めに理想・信念という堤を固め、腫物ともいうべき破損部分を修復し、いち早く些細な問題を解決することで腐敗現象の発生・悪化・蔓延を防止できる。

　"抓早抓小，有病就馬上治"、"不能養癰遺患"は、反腐敗活動における新時代の中国共産党の、懲罰と防止を兼ね備えた新しい考え方を体現しており、反腐敗に関する規律面の認識に対する中国共産党の絶えざる深化を反映している。腐敗分子に対しては当然のことながら情け容赦せ

ず、法に触れれば厳しい制裁を科し、発見するごとに断固処分し、腐敗分子の名を地に貶め、大いに代価を払わせるべきである。この点は譲れない。その一方で、効果的な腐敗予防システムを立ち上げ、早めにチェックし、積極的な予防策を講じ、懲罰と防止を同時に行うべきで、この点も同様に重要である。

"抓早抓小，有病就馬上治"には、制度保障が必要になる。法律・法規・制度の整備を強化しつつ制度の欠陥を修復し、法に基づく行政、制度に基づく業務処理を強化し、腐敗分子に乗ずる隙を与えない一方、権力、とりわけ指導的幹部の権力に対する監督を強化しなければならない。絶対的な権力は絶対的に腐敗する、権力が監督を受けなければ、法規・制度は空手形にすぎず、必ずや腐敗の発生と蔓延を生む。同時に、党員幹部、特に指導的幹部に対するモラル教育を強化し、彼らが正しい世界観・人生観・価値観を確立し、権力・地位・利益・政治的業績に対し正しい認識を持ち、自己修養能力と是非識別能力を向上させ、自律意識を高め、腐敗と変質を防止する思想的基盤を確固たるものとするように仕向けなければならない。

古人曰く、"勿以善小而不為，勿以悪小而為之"（些細なことだから、と良いことをしないのではいけない。些細なことだからと悪いことをしてはいけない）[注3]。この言葉を党員幹部、特に指導的幹部はしっかり頭に刻み込んでおくべきである。

注1：『後漢書』馮衍傳。
注2：『韓非子』喩老。
注3：『三国志』蜀書・先主伝。

長期にわたり効果的なシステムを立ち上げることによって業務の効率を高めなければならない。"為民服務不能一陣風，虎頭蛇尾"（人民に奉仕する、とは、一時のパフォーマンスや竜頭蛇尾であってはならず）、形式主義に陥ってはいけない。

──2014 年 3 月 17 日、河南省蘭考県焦裕禄^注民心ホットライン視
　　察時の講話

"為民服務不能一陣風"

——人民に奉仕するには、実際の効果と、長期にわたる効果的なシステムが必要である

　現代中国語では、"一陣風"という表現で事柄があっという間に過ぎてしまうことに喩える。疾風のように現れて、疾風のように去っていき、長続きしない。習近平は"一陣風"という比喩を用いて、政府の民生サービスがおざなりにならず、長期にわたる効果的なシステムの確立を踏まえ、実際的な効果を上げることを願った。

　多くの地方政府と権力部門の入り口には、毛沢東の筆による"為人民服務"（人民に奉仕する）の5文字がある。しかし、現実においては、「人民に奉仕する」中に変質する危険も存在している。例えば、一部の地方や部門は、上辺を取り繕うため、痛くも痒くもないいわゆる「人民に奉仕するプロジェクト」をひねり出し、盆栽を仕立てるがごとく体裁を整え、見栄えは良いが実際には何の役にも立たず、大衆の切実な問題を解決するにはほど遠い。かくして、「人民に奉仕する」ことが単なる政府のパフォーマンスに変質してしまう。

　また、一部の地区や部門の指導者は、上層部に自分の能力や業績をひけらかすために勝手に上述のようなプロジェクトをひねり出すが、本心は民衆にあるのではなく、自分の業績のためにやみくもに突っ走っているのであり、かくして、「人民に奉仕する」ことが役人の業績造りに変質してしまう。さらに指導的幹部の中には、パフォーマンスをとりわけ好み、努力を見せびらかしたがる者もいる。彼らにしてみれば、「人民のため」という看板を掲げることは最も安全なパフォーマンスで、かくして「人民に奉仕する」ことが役人のパフォーマンスの場に変質してしまう。

　このように変質した「人民に奉仕する」は、必然的に"一陣風"になる。開始と同時に指導者は「高度に重視」し、人々を総動員し、鳴り物

入りで囃し立て、メディアも大いに取り上げ、しばしば指導者自ら顔を出して指示を与える。その後まもなく「人民に奉仕する」人たちの情熱も冷め、「人民に奉仕する」措置は掛け声だけになり、「人民に奉仕する」機関も徐々に冷淡になり、鳴り物入りだったさしもの「人民に奉仕する」も野垂れ死にし、うやむやになってしまうのである。

このような「人民に奉仕する」の害は大きい。物質資源・人的資源・行政資源などを含むたくさんの社会資源を浪費する一方、さらに重大な点は、党や政府のイメージや社会的信頼を大いに損ない、多くの民衆が党や政府に失望落胆してしまうことである。こういった社会心理のマイナス効果は、さらに、本来は「人民に奉仕する」行動そのものにもその累を及ぼし、結果として民衆に疑惑の眼差しで見られ、進展に支障をきたし、公共対策が一層難しくなってしまうのである。

良いことをするのはたやすいが、良いことを続けるのは難しい。"一陣風"式の「人民に奉仕する」現象の発生を防ぎ、それが実際に効果を挙げるようにするには、長期的に機能するシステムを構築することに意を注がなければならない。それにはまず第一に、科学的な業績評価システムを立ち上げ、指導的幹部の実績を科学的に評価し、うまく立ち回ろうとする者にはチャンスを与えないことである。第二に、責任追及システムを立ち上げ、"一陣風"式で「人民に奉仕する」関連部門や指導的幹部に対する懲罰をより厳しくし、パフォーマンスを排する気風を公共行政に反映させること、第三に、「人民に奉仕する」政策を科学的に制定し、広範囲にわたる調査・研究を踏まえて政策や措置を科学的に定め、民衆の思いや願いを徹底して研究し、着実に処理し、規則・制度を打ち建て、なおかつ長くそれを続けていかなければならない。

"人在做，天在看"（人間のやることは天が見ている）と俗に言うが、「人民に奉仕する」について言えば、"天"とは人民大衆を指す。特に、情報やインターネットが高度化した今日では、庶民はなお一層、時々刻々至る所で目を凝らしている。かつて毛沢東は、「我々共産党員は種

子、人民は大地のようなものだ。我々は行く先々の土地でその地の人民と一つになり、そこに根を生やし花を咲かせる」と言った。各党員幹部、とりわけ指導的幹部は、誠心誠意人民のために奉仕するというモットーを常に心に刻み、「人民に奉仕することは、一時のパフォーマンスや竜頭蛇尾であってはならず、形式主義に陥ってはいけない」と言う習近平の訓戒を忘れず、「石に足跡を残し、鉄に爪痕を残す」と言う奮闘精神、「人民のために実直清廉に取り組む」と言う実際の行動で絶えず人民の役に立ち、人民に喜ばれることを行い、中華民族の偉大な復興に対し常に浩然の気を凝縮させていかなければならない。

注：焦裕禄（1922〜1964）。河南省蘭考県の書記として自然災害克服に取り組み、多大な成果を挙げたが、病没。模範的な共産党員として革命烈士に加えられている。

"政貴有恒"（政治は常に一貫していなければならない）[注1]。官職に就き、行政に携わるならば、仕事には大胆に取り組み、進取の精神を持つとともに、大局を安定させ、仕事を持続しなければならない。見据えた目標は適宜調整し完璧を目指すべきだが、指導者が交代するたびに根底から覆してはならず、ましてや自分の業績づくりのためにまったくやり方を変えるなどもってのほかである。優れた青写真をあくまでやり抜き、"折騰"（無茶）をせず、変節せず、着実に成果を出すよう、真底からやり遂げなければならない。

――2012 年 12 月 15 日、中央経済工作会議における講話

指導者が交代するたびに "兜底翻" してはならない
——大局を安定させ、仕事を持続しなければならない

　"兜底翻"とは本来、探し物をするときにポケットの底をひっくり返すことだが、現代中国語では、それまでの計画・プラン・言辞などをまったく覆すことによく用いられる。習近平はこの言葉を使って暗に、一部の地方・部門の良からぬ行政、新しい指導者が前任者の行政プランを否定することで革新ぶりを示すといった事例に喩えた。

　"兜底翻"的な政治は、一部の地方・部門できわめて深刻になっている。新しい指導者が登場すると、自分が一般庶民とは違うことや、その個人的な能力を誇示するために、科学的かつ厳密な調査研究や論証を経ることなしに、ツルの一声で前任者の行政プランを変更し、「改革」、「革新」の美名の下で、実は無茶苦茶なことをするのである。

　こういった "兜底翻" 式の "折騰" は都市建設でとりわけ顕著に見られる。例えば、都市の並木に前任者がプラタナスを植える指示を出していたのに、次の指導者がトウネズミモチに変えるよう指示する。ところがそのまた後任者は「クスノキにしろ」と言う。こうして10数年経っても大通りの並木は依然として苗木のままになる。また、都市発展計画でも、前任者が音頭を取ったときは東へ向かって発展させるはずだったのに、後任者は新しいコンセプトで南へ発展させようとする。素晴らしい青写真が実行に移されている最中に、次の指導者が来ると今度は「西へ」と言う。10数年が過ぎ、都市のあり方は二転三転し、都市全体がまるで麺棒で伸ばしたように四方へ広がり、中途半端な工事が随所に見られ、大きな無駄を産み、都市の発展に深刻な障害をもたらす。

　行政の "兜底翻" の害は測り知れない。人力・物力・財力などを含む国家資源の深刻な浪費現象を引き起こすばかりか、建設事業そのものの発展をも阻害し、同時に党と政府の威信を傷つけ、庶民の実際の利益を損なう。事実、行政の "兜底翻" がもたらす散々な結果には庶民の怨嗟

の声が最も大きく、批判が集中する部分の一つになっている。

行政の"兜底翻"をもたらす原因は多岐にわたるが、突き詰めれば二つの側面が挙げられる。第一は、指導的幹部の歪んだ業績観によるものである。一部の指導的幹部は表面を撫でるだけで、イメージづくり・業績づくりに倦むことを知らず、改革・発展における真の問題は見て見ぬふりをする。おかげで新規事業を追い求める無茶が増え、困難に真っ向から立ち向かおうという真の改革が減ってしまう。長期プランを立てようとせず、後任者に花を持たせる気にはさらさらなれず、早く業績を挙げ、その効果を手に入れることばかり重視する。第二は、トップの権力に制約がないことによる。本来、厳格に実行されるべき民主集中制が形式に流れ、一個人の思うままになり、トップがわけもわからずに方針を決め集団を凌駕する。メディアが明らかにした状況によると、多くの"兜底翻"はトップが強引に行ったものだ。

"政貴有恒"。行政の"兜底翻"問題を解決するには指導的幹部が正しい行政認識を持たなければならない。習近平が言うように、"功成不必在我"（功は必ずしも自分に帰するものではない → 己の功を焦るな）注2という精神、"釘釘子"（釘を打つ）精神注3を持たなければならない。釘はだいたいが1回打つだけではうまくいかず、しっかり打ち込むまで1回また1回と打ち続けなければならない。土台を築き、長きにわたりその恩恵が得られるような事柄を多くやるべきであり、現実から乖離した、やたらに張り合う、業績目当てのプロジェクトをやってはならない。上には媚びず、下を欺かず、歴史と人民に対し責任を負うべきである。この面でも我々は素晴らしい歴史上の経験を有している。例えば、我々が進めている5か年計画の発展プロセスは間違っていないが、歴史が貯えてきた優れたやり方と利点をうまく発揮しなければならない。

行政の"兜底翻"問題を解決するには、さらに指導的幹部に対する業績考課システムを根本的に整備し、その単一的な評価基準を改めなければならない。土台を築き、長きにわたりその恩恵が得られるような仕

事をしているか、民生問題に具体的な段取りをつけて解決しているか、庶民の評判はどうか、といった面から指導的幹部の質・胸襟・能力をチェックしなければならない。それにも増して、幹部の育成・選抜・任用システムを整え、その結果、指導的幹部が本当に科学的、民主的、かつ法に則った行政を進め、"兜底翻"するスペースが絶えず縮小するようにすべきである。

注1：『書経』周書畢命。
注2："功成不必在我，而功力必不唐捐"。出典は胡適『致畢業生：在不健全的中国，如何不堕落』。"功力必不唐捐"は「努力は必ずしも無駄にならない」の意。
注3：2013年2月の18期2中全会で習近平が披露。くぎを打つように、誠実に力を籠め何度も継続することの大切さを説いたもの。

我々は"釘釘子"（釘を打つ）精神を持たなければならない。釘を打つにはだいたいが 1 回だけではうまくいかず、しっかり打ち込むまで 1 回また 1 回と打ち続けなければならない。1 本ずつしっかり打っていくことで絶えずさまざまな問題を解決していけば、必ず大きな成果が上がるだろう。

──2013 年 2 月 28 日、18 期 2 中全会における講話

"釘釘子精神" を発揚しよう
——大衆工作は、着実に、深く、きめ細やかに

　釘を打つというのは日常生活でよく見かける行為であり、仕事を真面目に頑張り続け、有終の美を飾ることに喩えられる。仕事に取り組む姿勢を変えるよう語りかけるとき、習近平は何度も "釘釘子" 精神の発揚を提起してきた。彼がこの比喩を用いて強調しようとしたのは、各ランクの指導機関や指導的幹部は、仕事をこなし事業を進めるに当たって、勤勉かつ真剣に、あくまでやり続け、有終の美を飾り、青写真は最後までやり通すという決心と根性を持たなければならず、竜頭蛇尾、朝三暮四、中途半端、尻切れトンボになってはならない、ということなのである。

　気風の問題は執権政党にとって一大問題であり、党および国家の事業の成否、人民大衆における党のイメージに関わる。党の気風、党のイメージの良し悪しはおおよそ党員である指導的幹部の仕事ぶりの良し悪しで決まる。気風が正しければ、党の結束力・アピール力・戦闘力は明らかに増強され、逆であれば減殺される。事業や業務を行う際に "釘釘子" 精神が欠けていれば、典型的な悪い風潮が生じるであろう。

　指導機関や指導幹部に "釘釘子" 精神が欠けることで生じる現象はさまざまである。例えば、仕事は上っ面を撫でるだけで、現場に出かけて調査研究をしようとせず、社会の状況や民意を知る努力を怠り、先鋭的な問題や根深い矛盾に遭遇すれば避けて通る。楽な仕事に走り、ちょっと手をつけるだけでいい加減にあしらい、民衆の強烈な反感を買う。また、一時的なキャンペーンをやりたがる場合もある。竜頭蛇尾、尻切れトンボ、青写真をやり遂げようという決心もなければ辛抱もない。一発勝負の結果、成し遂げられた仕事は寂寥たるもので、やりかけで放置されたプロジェクトが累々となる。こういった風潮の本質は官僚主義・形式主義であり、誤った業績観の典型的な表現である。

かつて毛沢東は、「世界で最も恐るべきは"認真"（真面目）の2文字だ。共産党は"認真"を最も重んじる」と述べた。物事に真摯に取り組み、しっかり地に足を踏みしめ、刻苦奮闘、事実に即して真理を求め、"愚公移山"注の精神を発揚する。歴史が積み上げてきたこのような優れた伝統は、中国共産党が中国人民を指導して革命の勝利と社会主義建設の偉大な成果を勝ち取った中での重要な経験でもある。"釘釘子"精神を発揚することは、新時代において党の優れた伝統を継承・発展させることであり、今、各レベルの指導機関と指導的幹部に"釘釘子"精神を発揚するよう呼びかけることは、全面的に革命を深化させることに関する党中央の戦略方針と取り組み体制を断固として貫徹実行すること、中華民族の偉大な復興を実現することに対して、きわめて重要な現実的意義を持っている。

　"釘釘子"精神を発揚するにはまず、決心と辛抱が必要である。多くの場合、釘を打つには1回だけではうまくいかず、しっかり打ち込まれるまで1回また1回と繰り返し何度も打つ決心と辛抱がなければならない。さもないと釘はぐらつき、粗悪品を生み、甚大な被害を被る。

　さらに、"釘釘子"精神を発揚するには、科学的に釘を打たなければならない。力任せに打って釘を壊してもいけないし、あてずっぽうに打って釘をへし曲げてもいけない。実際の職務においては、全面的に革命を深化させるという党中央の精神の本質をしっかり把握し、その精神を正真正銘きちんと実行に移す態度と決心を持つとともに、現実を踏まえつつ、職務を創造的に進める知恵と方法を持たなければならない。釘は1本1本、しっかり打ち込まれるまで打たなければならない。仕事も一つひとつ着実に発展を進めて、民衆を満足させるまで行わなければならない。

　"釘釘子"精神を発揚する、その根本は揺るがないことにある。"釘釘子"精神とは終始一貫、倦まず弛まず続けることであり、常に実行あるのみ、これで終わりということはない。

"釘釘子精神"を発揚しよう　　**109**

注：『列子』湯問編。倦まず弛まず粘り強く目標を貫徹することを教える故事。後に、毛沢東の重要講話の一つとして、「為人民服務」（人民に奉仕する）、「紀念白求恩同志」（ベチューン同志を記念する）とともに「老三篇」として学習対象になった。

ことわざの章

我々は、各国とその人民がともにその尊厳を尊重されるべきことを主張する。大小・強弱・貧富に関わりなく、国家は一律平等であり、各国人民が自主的に発展の道を選ぶ権利を尊重し、他国の内政に干渉することに反対し、国際的な公正正義を擁護しなければならない。"鞋子合不合脚，自己穿了才知道"（靴が足に合うか合わないかは、自分で履いてみなければわからない）。国家の発展の道筋が適当であるかどうかは、その国の人民でなければ発言権がない。

――2013 年 3 月 23 日、モスクワ国際関係学院での講演

"鞋子合不合脚，自己穿了才知道"
——路線・理論・制度における自信をしっかり持つ

　"鞋子合不合脚，自己穿了才知道"、この諺は庶民が実生活の中で悟った、靴と足の合う合わないに関する経験である。靴が大きすぎればぶかぶかで何とも歩きづらい。小さすぎればきつくて足がつらく、痛くてたまらない。時には靴擦れができ、数日もすれば歩くこともできなくなる。したがって、靴と足の合う合わないはとても大事で、それは履いた人にしかわからず、本人の意見が最も尊重されなければならない。

　習近平が国際交流の場でこの諺を引用するのは、世界に対し、中国の発展には自分なりの選択と道筋があり、中国人民が十分賢いことを告げようとしているのである。自分で選択し、自分で歩んだその結果は、中国人でなければ評価不能である。"鞋子合不合脚，自己穿了才知道"、この知らぬ者がない素朴な諺は、ある国家の発展の道筋が適切か否かは、その国の人民の意見が最も尊重されなければならないという深遠な道理を示している。

　この諺は習近平の言語感覚、用語習慣に非常にフィットしている。素朴でありながら自信をのぞかせ、身近であって納得しやすく、中国独自の社会主義の道を堅持するという我々の強い信念を世界へ向けて発信している。それはまた、中国独自の社会主義の道に対する新中央指導者たちの泰然自若とした自信であり、中国独自の社会主義の道に対する我が中国共産党の路線・理論・制度における自信でもあり、世界に向けて確固たる「中華の声」を発信しているのである。

　アヘン戦争以後、中国は半植民地・半封建社会へと零落し、多くの憂国の士が祖国の繁栄富強のためにさまざまな方法で中国発展の道を探り、最後に、中国共産党が指導する中国独自の社会主義の建設という輝かしい道へ辿り着いた。特に11期3中全会以来、中国は改革開放路線を強力に推進し、その経済建設は世界が目を見張る偉大な成果を成し遂げ、

1979〜2014 年の 35 年間の年平均経済成長率は 9.8％を記録、人々の生活レベルは絶えず向上していった。

　ほかでもないこの発展によって、中国人民は、中国独自の社会主義が、国家の富強と人民の豊かな暮らしにとって、そして中華民族の偉大な復興を実現するために必ず通るべき道であることを深く理解した。中国独自の社会主義を断固として歩むことは、中国の歴史における過去の実践に対する中国人民の総括であり、中国の今後の発展に対する確約でもある。この道は中国の国情、時代の要請に沿った、人民に支持された道であり、歴史の検証にも耐えることができ、中国共産党の選択であると同時に、すべての中国人民がともに選択したものでもある。

　「実践は真理を検証する唯一の基準である」。毛沢東は『新民主主義論』[注] の中でこう述べている。「心理は一つしかない。結局誰が真理を発見したのか、は、主観的な誇張ではなく、客観的な実践によって決まるのである。無数の人民による革命の実践こそが真理を検証する尺度になる」。

　それぞれの国には独自の歴史的文化的背景があり、自分に合わなければ最善とはいえない。"鞋子合不合脚，自己穿了才知道"、隣に座っている人が他人の履いている靴をとやかく言うのは当然自由だ。しかし、それは結局のところ、はたから見た感覚にすぎない。我々は他国の「靴」の履き心地がいいかどうかなど詮索する気はないし、他人が我々の「靴」を思いつくままあれこれ言うことも望まない。18 全大会は我が中国独自の社会主義の道を迷いなく歩むことを明確に提示した。したがって、我々はより一層思想を解き放ち、改革を深め、パワーを結集し、困難を克服しなければならない。

　無論、発展の過程には、まだ克服すべき多くの困難がある。それゆえ、我々は全党・全人民の知恵を結集し、今後の発展改革のためにきわめて明確な政策的枠組み、タイムテーブル、ロードマップを策定し、我々に適した靴を履き、確かな足取りで中国自身の道を歩んでいかなければな

らない。

注：1940 年 1 月出版。その内容は建国初期の政策基盤となった。

"沒有比人更高的山，沒有比脚更長的路"とは言い得て妙である。どんなに高い山、長い道であっても、粘り強く前進しさえすれば、目的を達成するその日が来るであろう。

　　　　　　──2013 年 10 月 7 日、APEC 商工サミットでの講演

"沒有比人更高的山，沒有比脚更長的路"
——粘り強く引き続き改革を推進する

"沒有比人更高的山，沒有比脚更長的路"、これは、中国の現代詩人汪国真[注]の現代詩「山高路遠」の言葉である。そこでは、「困難な山がどれほど高くとも、挑む者はその足でよじ登り、人生の道がどんなに長くても、探求するものの足はそれを刻んでゆくだろう」という意味で使われている。習近平がインドネシアで開催されたAPEC商工サミットでの講演でこの句を引用したのは、全面的に改革を深めることによって、中国が経済発展に新しいパワーを植えつけようとしていることを世界に伝えたかったからである。

習近平が決然とした語気で世界に"沒有比人更高的山，沒有比脚更長的路"と語った時期は、中国経済がちょうど新たな発展段階に入ったときであり、経済発展方式の転換と構造調整をまさに根底から進めている胸突き八丁ともいうべきときであった。それは必然的に調整による陣痛、成長による苦悩を伴うため、難路を歩き困難に挑む決心が必要になっていた。

改革は深遠な革命であり、重要な利益関係の調整、各方面の体制やシステムの整備にも関わる。ただ、その困難さゆえになお一層の勇気が必要で、まじめに取り組まなければ達成はおぼつかない。現実の問題は複雑かつ困難であり、今日の改革当事者は、一層石橋を叩いて渡る用心と総合プランの強化とを自ら結びつけ、制度の刷新によって改革の大局を動かし、制度の活力によって改革の進捗を図らなければならない。中国はすでに改革を全面的に深化させる総合プランを策定し、経済・政治・文化・社会・エコ文明建設といった領域の改革を統合的に進め、発展途上で遭遇する難題の突破に努めている。

勇気をもって世界に対してこのような約束をするということは、中国指導者と中国人民の堅忍不抜の精神と揺るぎなき決心を余すところな

く示している。自信があるからこそ、自分が選んだ道にこだわる勇気、
"愚公移山"の精神が持てるのであり、無数の困難・試練に直面したと
き、決して逃避しようとせず、守り抜くことを選択するのである。

　1992 年、鄧小平は"南巡講話"で「おそらく次の 30 年で我々はやっ
とより成熟し定型化され、全体として整った制度を各方面に確立する
だろう」と未来への展望を述べている。党の 18 全大会は、システマ
ティックに整備され、科学的に規範化され、効果的に運営される制度を
構築し、それによって各方面を一層成熟させ定型化させることを提案し
た。30 数年にわたる険しい道のりを振り返れば、古い観念の打破から
利益構造の再構築、さらに発展方式の転換や制度・モラルの涵養に至る
まで、改革の道は山あり谷ありであった。困難にめげず立ち向かい、危
機をチャンスに変えることが、一歩一歩の前進につながったのである。
"世上無難事，只要肯登攀"（やってやれないことはない）、バリ島での
揺るぎない中国の声は「どんなに高い山、長い道であっても、粘り強く
前進しさえすれば、目的を達成するその日が来るであろう」という信念
を再び発信したのである。

注：1956〜2015 年。アモイ籍、北京生まれ。1980 年代から多くの詩を発表、90
　　年代初頭、一世を風靡した。

中国共産党 18 期 3 中全会は改革を全面的に深化さ
せる新しい進軍ラッパを吹き鳴らした。"開弓沒有回
頭箭"（賽は投げられた）、我々は断固として改革の目
標を実現しなければならない。

　　——2013 年 12 月 31 日、全国政治協商会議の新年茶話会での講話

"開弓沒有回頭箭"

——断固として改革の目標を実現する

"開弓沒有回頭箭"、すなわち弓を振り絞れば矢は飛んでいくのであり、そのことから、事柄に着手したらもう後戻りはできないことに喩えられる。習近平は、2014 年を迎える大晦日でのスピーチで特にこの語句を改革に喩えた。すなわち、中国共産党 18 期 3 中全会が定めた「改革を全面的に深化させる」という目標を断固実現する決心を伝えようとしたのである。

1978 年 12 月、中国共産党 11 期 3 中全会は改革開放という偉大な政策を決定し、"実事求是"（事実に基づいて真理を求める）という思想方針を再度確立、"以階級闘争為綱"（階級闘争を要とする）という政治路線を放棄し、全党の活動の重心を社会主義現代化建設へと移した。これによって、中国独自の社会主義の道が次第に形成されたのである。この 36 年間、中国人民は改革開放の流れに順応し、その道筋をたどり、瞠目すべき成果を挙げた。

11 期 3 中全会から 18 期 3 中全会に至るまで、改革開放政策は制定から堅持へと推移してきたが、その道のりは決して順風満帆ではなかった。しかし、いかなる変化が生じようとも、いかなる試練に直面しようとも、「対内改革、対外開放」という基本的国策は終始一貫堅持されてきた。1992 年初頭、鄧小平は「南巡講話」の中で決然と言い放った。「社会主義を堅持せず、改革開放を行わず、経済を発展させず、人民の生活を改善しなければ、あるのは野垂れ死にへの道だけだ。」

改革開放の歩みは一刻も休むことがなかった、休めなかった。現在改革が直面する問題はなお一層複雑であるはずだ。いわば「軟らかい肉はもう食べ尽くした。あとはもう硬い骨をかじるしかない」のであり、改革はすでにその段階に突入している。2013 年の全人代と政治協商会議で、習近平は彼が曽て在任していた上海の代表団の討議に加わった際、

「我が国の改革はすでにその胸突き八丁に差し掛かった。勇気を持って硬い骨をかじり、急流を渡り、より一層市場の規律を尊重し、政府の役割をしっかり発揮し、開放という最大の武器を手にさらなる発展を図らなければならない」と強調した。

　実践と発展、思想の解放、改革と開放に終わりはない。停滞と後退に明日はなく、改革と開放は前進あるのみで、これで完成ということもない。我々が直面している矛盾や試練は、改革に一刻の猶予もなく、ましてや停滞は許されないことをはっきり示している。我々はすでに"開弓没有回頭箭"の立場に立たされている。思想的呪縛を打ち破り、固定化された利益関係の垣根を取り払い、ひるむことなく改革を推進しなければ、発展途上の難題を克服し、リスクや試練を解消させることはできないし、公平な競争が保障される環境を造り、経済・社会の発展力を強化することもできないし、システムが整備され、科学的に規範化され、効果的に運営される制度システムおよび国の統治システムを構築できないし、社会の公平・正義を実現して調和・安定を促進すること、さらに党の指導レベルおよび政治的能力を高めることもできない。

　改革の道を歩み始めて以来、中国はその様相を一変させた。若い活力を存分に発揮し、パワーアップさせ、国内では社会を安定に導き、国外ではその発言権を強めた。改革開放が中国および中国人民にもたらした大きな変化は至る所に見いだすことができる。"開弓没有回頭箭"は引き続き改革を進める進軍ラッパであり、改革を深化させるその決心を世界に対しより率直に表明しているのである。自分にふさわしい発展の道筋に狙いを定めたからには、あくまで揺るぎなく、自信を持って歩んでいかなければならない。

"小康不小康，関鍵看老郷"（ゆとりある生活である
かどうか、その鍵はお百姓さんにある）、農業は依然、
"四化同歩"（「四つの現代化」、すなわち、農業・工
業・国防・科学技術の近代化が歩調を合わせること）
におけるアキレス腱、ゆとりある社会を全面的に建設
する上でのアキレス腱になっている。

　　　　　──2013 年 12 月 23〜24 日、中央農村工作会議での講話

"小康不小康，関鍵看老郷"
——農民の収入増加を大いに促進する

　『晋書』孫楚伝に「山陵既固，中夏小康」とあるが、"小康"の意味するところは、政治と教化に筋道が通り、庶民が豊かに安楽に暮らすという儒家の理想とする社会状況であり、後には、国内が安定し、社会・経済状況が比較的良好な社会を指すことが多くなった。今日我々がしばしば口にする"小康"とは、ある特定の時期において達成されるべき、中国の社会・経済発展における目標をいう。

　改革開放初期、我が中国の国民一人当たりのGDPはわずか200ドルほどで、国際的な貧困ライン基準を大きく下回っていた。鄧小平は中国現代化の戦略目標とその実現までのステップを描いたとき、「中国は人口が多く基盤が薄弱」という現実を踏まえ、20世紀末に「四つの現代化」を実現するという目標に調整を加え、20世紀末時点では"小康"基準を実現できるだけだ、とし、その後、一歩踏み込んで"三歩走"（三段階）発展戦略を打ち出した。すなわち、

　1）1980年代に経済の全体量を倍増させ、庶民の衣食の問題を解決する。

　2）1990年代にはさらに倍増させ、一人当たりのGDPを800〜1000ドルにし、全体的としてゆとりある生活に達する。

　3）21世紀の初期30年ないし50年にはさらに4倍に増やし、先進国の中位レベルに達し、ほぼ現代化を実現する。

　このときから"小康社会"は庶民に最も知られた言葉となり、"温飽"（衣食を充足する生活）と"富裕"（豊かな生活）の中間、すべての中国人民が比較的豊かな生活状態を享受することを指すようになった。その後、時は矢の如く過ぎ、鄧小平が立てた目標と第2段階までは予定通り達成された。しかし、2000年に我々が達成した"小康"は、主として一人当たりのGDPが1000ドルに達したかあるいは手が届きそうに

なったことのみであって、なお全面的とは言い難い、低レベルの“小康社会”に過ぎなかった。そこで党は、21世紀前半の20年間で全面的に“小康社会”を構築することを当面の戦略的任務とした。最初の10年間で我が中国の一人当たりGDPは4000ドルを突破、鄧小平が提起した第3段階の経済目標を達成したが、経済成長の過程で経済・社会のアンバランスな発展、収入格差の拡大といった問題が露呈され、全面的に“小康社会”を構築するという目標の実現を制約している。

　習近平が“小康不小康，関鍵看老郷”という俗語を引用したのは、鄧小平の“三歩走”戦略思想の継承であるとともに、現実に照準をしっかり定めたものでもあり、豊富な内容を含んでいる。言い換えれば、我々は“小康”に目を向けるとき、経済の全体量だけではなく生活の質にも目を向けるべきであり、パイを大きくするだけでなくうまく分配することにも目を向けるべきであり、平均値を見るだけでなく人民の大多数かどうかを見るべきである、ということであり、“小康社会”に対する党の認識の深化を表している。

　鄧小平が曽て掲げた偉大な構想「一部の者が先に豊かになってかまわない。先に豊かになった者が後続を牽引し、最後にはともに豊かになる」[注1]ことを我が中国が次第に実現していき、豊かになった人が身辺にますます増えていくのを目にしたとき、我々は当然ながらこの目を見張る経済建設の成果に欣喜雀躍してよい。しかし、先に豊かになったことは、後続者を牽引し、最後にはその恩恵をすべての人に及ぼすことが目的であることを決して忘れてはならない。それゆえ、我々は目前の成果を目にして歩みを止めてはならず、なお一層しっかりと歩んでいかなければならないし、ともに豊かになるという考えをあくまで貫き、実行していかなければならない。

　“小康不小康，関鍵看老郷”、この“老郷”こそが大事なのである。“老郷”とはすなわち広範な農村人口を指す。革命戦争の時期、中国共産党はまさに“老郷”の支援があってこそ、一歩ずつ大地を踏みしめ、

国の存続と富強を図るという革命事業を実践できたのである。有名な淮海戦役[注2]はほかでもない"老郷"たちの手押し車で得られた勝利である。今、中国では都市の発展が急ピッチで、それはそれで喜ばしい限りだが、それ以上に、発展が遅れた、あるいは発展に取り残された地区、とりわけ農村に目を向けなければならない。国家はバランスのとれた発展をすべきで、全人民にその恩恵が及ばなければならない。中国の人口構造では、農村人口が依然として圧倒的多数を占めている。ある意味、農村が豊かにならなければ、中国が本当に富強の道を歩むことはできない。

　習近平は以前、農村の末端で支部書記をしていたことがあり、農村の状況を非常によく理解している。彼の心中には常に農民と農村の問題がある。科学技術による農村の振興にせよ、農村の都市化にせよ、すべては農村の"老郷"たちが実際にその恩恵を受けるようにするためである。"老郷"たちがゆとりある生活を送れるようになってこそ、"小康社会"が全面的に建設されたことになるのである。

注1：一般に「先富論」と呼ばれる。
注2：国共内戦における三大戦役（遼瀋戦役・平津戦役・淮海戦役）の一つ。1948年11月から1949年1月にかけて戦われ、共産軍が勝利、その後、蒋介石は台湾へ逃亡した。

食品の安全の源は農産物であり、基本は農業にある。大本をしっかり正し、まずは農産物の質を高めなければならない。それには、農産物の質の安全を、農業の発展方式を変え、近代的農業の確立を加速させるためのキーポイントと見なし、最も厳しい基準・監督管理・処罰・責任追及で臨み、広範な人民の"舌尖上的安全"（舌の安全）を確保しなければならない。

　　　　──2013 年 12 月 23〜24 日、中央農村工作会議での講話

"舌尖上的安全"
――全力で食品の安全を保障する

　"民以食為天"とよく言われるが、この言葉は『漢書』酈食其伝の"王者以民為天，民以食為天"（王者には民がすべてであり、民には食がすべてである）から出ている。人民にとって食糧は自分の生活の拠り所であるところから、民衆の食の重要性を説いているのである。その食について、"食以安為先"（食は安全が優先する）が近年、人々に注目されるようになっている。食品の安全問題を真っ向から取り上げ、食品は必ず安全が前提でなければならないことを強調しているのである。習近平が中央農村工作会議で上述の講話を発表したのは、国が食品の安全問題をきわめて重視していることを示すとともに、"舌尖上的安全"という象徴的な言い回しで、食品の安全という重大な社会問題を直視しているのである。

　2014年7月、メディアによって上海福喜公司が期限切れの原料を使っていた事件が暴露され、本来、安全に懸念がないはずのケンタッキーやマクドナルドなどの外来ファストフードさえも疑わしくなった。今日、食品の製造と加工が多様化し、食品の安全に関するリスクが至る所で生じ、その結果、食品安全問題は社会において突出した問題になっている。食品安全に関わる事件の頻発は、その都度、生産者の良心が厳しく問われ、また、その都度、消費者の食品の安全に対する信頼が突き崩されているのである。

　中国は農業大国であり、過去においては農業強国でもあった。はるか昔、中国の先住民たちはすでに作物を栽培し、家畜を飼い、人々は恩恵に浴すご馳走を自然から手に入れ育てる技術を習得していた。名高い料理といえば、四川・山東・広東・揚州の四大系統があり、清朝時代のいわゆる満漢全席はことのほかその名声が轟いている。近年、全国を席巻したテレビドキュメンタリー「舌尖上的中国」（舌で味わう中国）は、

中国のグルメ文化をより一層の高みに押し上げたのである。

　食品は腹を満たすものだが、安全性に欠け、時に有毒であるなら、どんなに美味しくても決して口にはできない。食品安全問題が生じた原因の一部は、生産者の横着と横暴にある。経済的利益の追求に夢中で、人として最低限矜持すべきモラルをまったく無視した食品生産者は、長期間製品の鮮度を保つため、あるいは見た目をよくするため、そして粗悪品を良品として廃物利用するため、あろうことが臆面もなく有害物質を食品添加物として食品に混入した。こういった類はいずれも一時の経済的利益を追求し、金に目がくらんだことによってもたらされたのである。

　しかし、こういった悪質な事件が生じたことについては、制度上の欠陥と監督管理上の不行き届きへの反省がより重要である。生産を規制する条例に対する食品生産者の軽視、安全面に潜むリスクに対する生産検査員の杜撰さ、食品安全問題に対する法執行者の見掛け倒しのパフォーマンス、それが食品問題における病巣を切除し難くさせているのである。

　食品の安全は社会が注目する一大関心事であり、中央がこの問題を重視していることは、党と政府が大衆の願いを心に刻んでいる責任感の表れである。食品の安全の確保は長期にわたる困難な任務であり、政府・企業・民衆は一致協力して常に気を緩めず、食品生産者の素養を高めると同時に監督管理を強化し、関連する違法犯罪を厳しく取り締まって悪質な事件を抑え込み、食品安全の向上を推進しなければならない。そうしない限り、我々が安心して美味しい料理を味わい、味覚の安全が保障されるときはないだろう。

　　　　　　　　　　　　　　　　　　"舌尖上的安全"　**129**

"基礎不牢，地動山搖"（基礎が弱ければ大地も揺らぐ）。治安対策の重心は都市や農村の社区（地域コミュニティ）に置くべきで、社区へのサポートと管理能力が強化されれば、社区は内実を伴ったものとなる。我が国の真の安定は、我が第一線の同志の肩にかかっている。

――2014 年 3 月 5 日、全国両会（全人代と政治協商会議）上海代表団の討議における講話

"基礎不牢，地動山搖"
——末端のサポート力と管理能力を高める

　"千里之行始於足下，萬丈高台起於累土"（千里の道も一歩から、万丈の高殿も土台造りから）[注1]。どんな壮大な工事でも一つひとつ基礎を積み上げるところから始めなければならない。万里の長城にしろ、エジプトのピラミッドにしろ、現代人から見て奇跡としかいいようがない工事は、はるか古代の人々にとってどれほどの難事であったことだろう。しかし、人類の祖先はレンガ・石材・木材などを一つひとつ積み上げて基礎を造ることから始め、不可能とも思われる仕事を成し遂げた。

　"基礎不牢，地動山搖"、この言葉は久しく民間に流布されている。簡にして要、論旨は明白である。2009 年 6 月 27 日、上海で発生した"樓脆脆"事件[注2]はその生々しい実例であり、基礎がいかに大切であるか、再度人々に重大な警告を発している。2014 年の「両会」開催中、習近平は上海代表団の討議に参加、社区管理工作に関する末端党支部書記代表朱国萍の報告を聴取した後に行ったスピーチでこの言葉を引用し、社区のサポートと管理レベル向上の重要性を強調した。

　第一線で活動する党員と管理幹部は大衆とじかに接しており、大衆に党の政策を理解させる伝達者であり、党の方針・政策を貫徹実行する実践者であり、さらにその基礎を固める当事者である。彼らの印象の良し悪しは、党と国家のイメージに直接的な影響を及ぼす。"民為邦本，本固邦寧"（民は国の本であり、本がしっかりすれば国は安定する）[注3]と古人は喝破している。

　末端の党員と管理幹部が大衆工作をしっかり行うには、思いやり、立場、利益の三位一体問題をきちんと解決しなければならない。第一は思いやりである。大衆への思いやりを常に育てていこうとするなら、その気持ちを胸に刻んで任務に励み、大衆が気にかけ、切迫し、困惑し、願っていることに対処すべきで、そうしなければ、末端の業務を首尾よく行う

ことはできない。ここ数年、呉仁宝・楊兆順・朱国萍といった多くの優秀な末端従事者が続々と現れたが、彼らのような模範的人物の姿から「大衆に寄り添えば寄り添うほど大衆も多く気遣いを寄せ、大衆に対し責任を果たせば果たすほど大衆は一層信頼する」ことを見て取ることができる。第二に大衆の立場である。党の結成は 公 のため、 政 は民のため、という姿勢を堅持することは、大衆工作を行う上で終始踏みしめるべき政治的立脚点である。大衆という観点を堅持し、大衆路線をきちんと歩めば、いかなる困難があろうと大衆工作に悩むことはない。第三に大衆の利益である。すなわち、大衆の利益をしっかり実現し、擁護し、育むことである。改革を深め、発展を促し、安定を保つには大衆の利益を大事にしなければならない。常に大衆、とりわけ貧困大衆の苦しみを忘れず、内容の伴う具体的な仕事に一層励み、より多くの困難を解決しなければならない。

　"基礎不牢，地動山搖"、後半の句は基礎に問題が生じれば巨大な破壊力が誘発されることを強調している。2008年に貴州省で発生した"6.28"甕安事件[注4]は、末端の対応が不適切、さらには欠落していたため醸成された、本来発生してはならない重大な突発的騒乱放火事件で、事件後、貴州省省委員会書記は民衆に三度謝罪し、甕安県委員会書記・県長・公安局長・政治委員はすべて罷免された。こういった事件が発生する根本原因は、現地で末端の任務に当たっている一部幹部が、経済的利益が絡む問題に関し、大衆の訴えにどうやって解決の手を差し伸べるかを考えず、勝手気儘に警察力を行使することにあり、しかも、態度は粗暴、やり方は直截的で、強引に民衆を押さえつけようとする。こういった対処法は大衆路線の根本的な趣旨と大きく乖離し、きわめて悪質な影響をもたらす。即座にこれを制止しなければ、党と国家の基盤を揺るがすことになるであろう。

　末端の活動は大衆に心から支持されなければならない。上部機関からはさまざまな支持が下りてくるが、下部はそれを一括して引き受けるべ

きである。さまざまな糸があろうとも、それを縫うのは1本の針である。どう縫うか、それには、民衆の身になって具体的に仕事に取り組み、困難を解決し、良いことをやり、民衆に実際的な恩恵をもたらすことを確固たる目標として設定しなければならない。大衆が満足するか否か、受け入れるか否かが政策を策定する出発点であり立脚点である。いかなる政策・プランも、現実を踏まえて実行可能かを見極めるだけでなく、大衆のキャパシティをも考慮しなければならない。政策がどんなに良くても、大衆が受け止めきれなければ机上の空論になる。やり方が不適切ならば反感を買い、ボイコットされてしまう。末端の活動をしっかり行い確固とした土台を築くには、中身が伴うことが最優先である。大きな反響、目を見張る効果、華々しい論陣といった即効性の高いことにばかりに目を向けず、コツコツと実績を積み、民生に関わる一つひとつの事柄を真に実効性の備わったものにすると同時に、功績を挙げることに熱を入れる考え方をきっぱり捨て、大衆が強く反発しているメンツや業績目当てのプロジェクトを封じ込め、投機に走る功利主義者にのさばるスペースを与えず、社会主義建設という巨大構築物の1本1本の基礎杭をしっかり据えつけなければならない。

　末端活動は幹部を育て鍛える絶好の場であり、幹部を選抜する格好の試験場である。末端の党員幹部は民情をしっかり把握し着実に取り組み、上に対する責任と下に対する責任、当面の任務と長期的な取り組み、大衆のニーズと長期的目標を一括して捉え、現実を重んじ、誠実に語り、具体的な対策、具体的な効果を心掛け、上辺だけのパフォーマンスや虚偽を弄することは断じて排除しなければならない。謙虚に地道に取り組む中で「大衆を思いやり、末端に腰を据え、大衆の憂いを解く」といった心情を培い、党員幹部の総合的な素質を高め、今後の発展のために人材を蓄積しなければならない。

"基礎不牢，地動山搖"　　**133**

注 1：出典は『老子』六四。原文は "九層之台起於累土，千里之行始於足下"

注 2：2009 年 6 月、上海で 13 階建ての住宅「蓮花河畔景苑」が横転した事件。

注 3：出典は『孟子』盡心。

注 4：2008 年 6 月、貴州省黔南プイ族ミャオ族自治州甕安県で、少女の死をきっかけに、自殺か暴行かをめぐって起こった暴動事件。

中国には"路遥知馬力，日久見人心"（大意は本文
参照）という言い習わしがある。中国とラテンアメリ
カの関係の発展は、双方の関係の発展が開放的・包容
的・協力的・共栄的発展であることをすでに証明して
おり、また引き続き証明するであろう。

──2013 年 6 月 5 日、メキシコ上院における講演

"路遥知馬力，日久見人心"
——ラテンアメリカ諸国との協力と相互信頼を強化する

　"路遥知馬力，日久見人心"とよく言われるが、この言葉の出典は元曲の無名氏作『争報恩』第一折（第一幕）にある「願わくば姉さんが長命富貴であらんことを。もし何か揉め事があれば必ずやお力になりましょう。"路遥知馬力，日久見人心"と言うではありませんか」によるものと考えられる。意味は簡単明瞭で、大意は「道遠ければ馬の優劣がわかり、長くつき合えば人の心の善し悪しがわかる」ということである。

　習近平は当時この言葉を引用して、中国とラテンアメリカの関係は開放的・包容的・協力的・共栄的発展であり、双方が互いに信頼し、コミュニケーションを図り、発展を模索すれば、時がたつにつれ互いの信頼はさらに深まるであろうことを伝えようとした。

　ラテンアメリカは、地理的には中国と最も離れた大陸である。チェ・ゲバラの顔が中国の若者のTシャツによくプリントされ、カストロやチャベスなども中国人の目にはラテンアメリカの反米英雄の代表として映り、ペレ、マラドーナなどのサッカーのスターは幾世代かの中国人をなおさら夢中にさせたが、よくよく考えると、ラテンアメリカ諸国に対する中国人の理解、とりわけ民間交流はまだ十分とはほど遠い。

　1960年代の冷戦時代、ラテンアメリカは長期にわたりアメリカの裏庭と位置づけられ、アメリカの影響が比較的強かったため、新中国とは外交関係樹立が遅れがちだった。その後、キッシンジャーが密かに中国を訪問し、また、中国が国連における合法的地位を回復したことで、ようやくラテンアメリカに中国との国交樹立ブームが巻き起こり始めた。当時、多くのラテンアメリカ諸国が中国との関係を発展させたいと望んでいたが、なお、アメリカの目を気にしないわけにはいかなかった。アメリカの締めつけが緩むと、中国との国交樹立が加速する。目下、中国はすでにラテンアメリカの21か国と外交関係がある。歴史のしがらみ

で、現在台湾と〝国交〟がある 20 か国余りの中では、ラテンアメリカの国々が半数近くを占めている。

今日、中国とラテンアメリカはハイレベルでの接触がかなり頻繁になり、双方の経済貿易交流は急速に発展している。1979 年、中国とラテンアメリカ諸国の貿易総額はわずか 10 億ドルにすぎなかったが、2007 年には 1000 億ドルの大台を突破、中国はラテンアメリカ地域にとって第三の貿易パートナーになり、2012 年には不利な経済情勢の中でも 2612 億ドルと記録を更新した。

ラテンアメリカ諸国は一般的に面積が狭く、人口は少なく、国力は弱く、しかも長期にわたってアメリカの圧力に晒されていたため、経済発展の願いのほかに自主独立も渇望していた。習近平が〝路遥知馬力，日久見人心〟という言葉を引用して中国とラテンアメリカの関係を明確に表現したその中には、目先にのみ捉われない、長期的戦略的視野も含まれている。我々が提起する協力発展方式は単純な経済貿易交流ではなく、経済から文化・衛生・スポーツに至る全面的かつ多層的な協力モデルであり、それこそがラテンアメリカ諸国にとって最も重要なのである。

中国とラテンアメリカ諸国はともに発展途上国である。双方は多層的な交流を通じて互いに助け合い信頼し合うメカニズムを構築し、両国人民の真の福祉を希求することができる。〝路遥知馬力，日久見人心〟にはその意味も含まれているのである。

"打鉄還需自身硬"（大意は本文参照）。我々の責任は、全党の同志とともに、党が自ら党を管理し、厳しく党を律することを堅持し、自身に存在する顕著な問題を着実に解決し、職務態度を着実に改め、大衆に寄り添い、そうすることによって我が党を終始一貫、強固な指導的中心に据えることである。

——2012 年 11 月 15 日、新中共中央政治局常務委員会内外記者会見におけるスピーチ

"打鉄還需自身硬"
——党の自己建設を絶えず強化する

　"打鉄還需自身硬，繍花要得手綿巧" とよく言われるが、その意味は「鍛冶屋たる者、自分が頑丈でなければ頑丈な鉄器を鍛え上げることはできない。素晴らしい出来栄えの刺繍を縫い上げるには、手に素晴らしい技を備えていなければならない」ということである。孔子は『論語』子路第十三で "其身正，不令而行：其身不正，雖令不従"[注] と言っているが、これは「人を正すにはまず自分を正せ」と言っているのである。自分が不正な行いをすれば人を正すことなどできない。自分が脆くて鉄を鍛えることはできない。敷衍すれば、何をするにせよ、自分がその使命や任務を達成するのにまずどんな資質を身に着けるべきかを真っ先に明確にする必要がある。仮に自分の力量が不十分であるなら、与えられた任務を達成することなどできない。また同時に、正しい思想や価値観、凛然たる気概も持たなくてはならない。

　習近平は新政治局常務委員会内外記者会見においてこの言葉を引用し、中国共産党の自らを律する問題に対するメディアの関心に応え、この点に対する彼自身の関心の深さを存分に示した。国を治めるには党を治めることが先決で、党が国をきちんと治めるには、党自身が毅然として正しくあらねばならず、常に自身の能力を向上させ、自身の先進性と汚れのなさを保たなければならない。

　中国共産党は政権政党であり、中国各民族人民の忠実な代表である。中華民族を戦乱から平和へと導き、文明化を進め、開放への道を歩み、中国独自の社会主義事業の強固な指導的中心となった。しかし、まさに人間同様、地位が高くなればなるほど責任も大きくなる。このときにあたりはっきりと認識すべきは、中国共産党が政権政党としての地位を獲得したのは歴史と人民の選択によるものであり、歴史的合理性と現実的必然性があるが、その一方で党の先進性と政権政党としての地位はたや

すく手に入れたものではなく、永続性が保障されているものでもない、ということである。過去における先進性は現在における先進性とイコールではなく、現在における先進性が永遠の先進性であるわけでもない。過去に擁していたものと現在擁しているものはイコールではなく、現在擁しているからといって永遠に擁することにもならない。中国共産党がその先進性によって政権を維持しようとするなら、治に居て乱を忘れず、災いを未然に防ぎ常に謙虚に自らを律するという心構えで、自身の行政レベルと行政能力を常に高めなければならない。

　トーチカはいとも簡単に内部から攻め破られてしまう。内部要因は事物が発展変化する根拠である。東欧の激変、ソ連の崩壊、一部の国の共産党の政権喪失、さらに消滅は、彼らが自己を律することを疎かにし、汚辱を排除できず、時代遅れとなり、大衆の普遍的な信頼を失い、国の発展と建設を主導する権力を失ったからである。党を滅ぼし国を滅ぼしたその歴史的教訓は、中国共産党が他山の石とするに値する。今日我々が心を痛めているのは、党の指導的幹部の中に、尊大ぶって大衆を顎で使う者、信念に欠け共産主義を蜃気楼のような幻想と考える者、人民に賦与された権力を私利私欲の道具にして金と名誉に目が眩み自分を骨抜きにしてしまった者がいることである。それは人民大衆を失望させるばかりか、党のイメージをも直接損なっており、政権政党としての中国共産党がもしこれらの問題をなおざりにして懲罰を加えなければ、党の根幹が揺らぐであろう。

　政党たるもの、必ずや常に情勢に対する明確な認識を持ち、人民大衆との骨肉の関係を強化し、自覚して免疫力を高め、自身の権力の増大、地位の向上に伴う腐敗リスクを強力に抑制し消去しなければならない。中国共産党員は直面する状況をしっかり認識し、自分を社会と人民の中に置き、社会や大衆の監督を進んで受け、自分に負荷を与え、絶えず適応し前進していかなければならない、また同時に、新しい情勢、新しい試練、新しい問題に立ち向かうため、自身の能力を絶えず確かなものと

し向上させなければならない。

注：「その身正しければ、令せずして行われ、その身正しからざれば、令すれども
　　従わず」

ここ数年、指導機関も含めた一部の部門はメンツを重んじルールを軽んじ、コネを重んじ原則を軽んじ、問題に遭遇すれば回避し、問題を長期にわたり解決できないままほったらかしにし長引かせ、"門難進，臉難看，事難辦"（敷居が高い、顔がまともに見られない、なかなか処理してくれない）の結果、一部の規則は形骸化し、存在すれど役に立たず、大衆の反発も大きい。

──2013 年 7 月 12 日、河北省で習近平が主宰した座談会における講話

"門難進，臉難看，事難辦"
——決して民衆を困らせてはならない

　役所に手続きに行くと、多くの人が"門難進，臉難看，事難辦"という嫌な目に遭う。本来の業務をずるずると引き延ばして些細なことを複雑にしてしまうのは、面倒なことは遠くへ蹴飛ばして楽な仕事を自分のものにしておきたいからにほかならない。多数の役所が互いに関与しなければならない問題に遭遇すると、役所間で互いに押しつけ合い、誰かがまず手をつけてくれることを待っている。これで最後に困るのは庶民であり、それゆえ庶民は政府の公務関係部門および社会事業サービス機構に対する不満を"門難進，臉難看，事難辦"と揶揄するのである。

　民衆は門をくぐる前にまず何度か尋問を受け、「用のないものは入ってはいけない」とあちこちで行く手を遮られる。これが"門難進"である。民衆が手続きに来たのに、係員は何の用事か尋ねることさえせず、面倒を持ち込んできたと思って頭ごなしに怒鳴りつける、これが"臉難看"である。民衆がたくさんの役所を駆けずりまわり、いくつか手続きを済ませても、役所間の押しつけ合いのせいで一件落着とはならない、これが"事難辦"である。習近平は、庶民のこういった言葉を引用して一部の役所、とりわけ指導機関の官僚主義の風潮に対する怒りを示したのである。

　"門難進，臉難看，事難辦"と言うのは、表面的に見れば一部の役人の資質および事務能力の問題と見られがちだが、その背後にある原因を突き詰めると、実は官僚主義のなせる業である。

　2013年10月11日、CCTVの〈焦点訪談〉番組がある事件を暴露した。周さんは故郷を離れ、今、北京で働いている。会社の都合で海外出張することになり、個人用パスポートを申請する必要が生じた。彼は北京で社会保険をかけ始めてまだ1年経っていなかったため、規則によって本籍地へ戻って手続きしなければならなかった。「今や個人用パ

スポートの取得は簡単になった」と言われるが、周さんは北京から300キロ離れた河北省武邑県との間を往復すること6回、半年以上費やしても取得できなかった。さらに、行くたびに係員の顔色を窺わなくてはならないことも彼を憂鬱にさせた。一体どんな証明書が必要だったのか見てみよう。①無犯罪証明、②会社の在職証明、③会社の営業許可証、④会社海外派遣資格証明、⑤当該地の身分証、たったこの5通の証明書のために彼は3000キロも駆けずりまわったのである。しかも、公安部のサイトには、周さんのような一般公民の個人用パスポートの取得は「本人の身分証明書、戸口本^注およびそのコピー、本人の証明用写真があればそれでよい」としている。上述の係員がさらに提出を求めた証明類は、当該地の身分証以外は明らかに法律上不要だったのである。お上を笠に着たこういったやり方はまったく迷惑で、手続きをする民衆を疲労困憊させる。巨利を貪る「大トラ」に比べればまだまし、と思うかもしれないが、こういった数えきれない小事一つひとつが幅広い民衆における党のイメージをひどく損なってしまうのである。

　係員の態度はある程度、地元政府やその役人たちの風紀を反映している。政府部門は役所のドアを開け仕事に携わる際、民衆は面倒を持ち込むものだ、とハナから決めつけ、自分の職責が何かを忘れてしまうことが決してあってはならない。

　「政府は大事に関わり、小事は相手にせず」とはいかにも立派だが、公職にある一部の者たちには、大衆の利益に関わる「小事」がひょっとすると彼らの行政能力を知るよい試練になるのかもしれない。

　習近平は“門難進，臉難看，事難辦”という現象を真底憎んでいる。18全大会以来、全党で大衆路線教育実践キャンペーンが展開されたが、その目的の一つは、党内に蔓延する官僚主義の悪弊に歯止めをかけることである。近年、この措置は顕著な効果を挙げ、多くの民衆が口を揃えて称賛している。今なお存在している問題については、身に覚えのある幹部が胸に手を当てて「自分は本当に民衆に寄り添い、民衆の苦しみを

理解し、民衆のために親身に尽くしているか」と自問してくれることを
我々は心から願っている。

注：“居民戸口簿”と呼ばれるもので、家族の状況が記載され、公安部から各家庭
　　に発給される。

"一枝一葉総関情"（庶民の一挙一投足が私の心を揺さぶる）[注1]。何が"作秀"（ショーをやる、パフォーマンスをする）で何が本当に民衆を思いやっているのか、庶民は見ればすぐわかる。

　　──2013 年 7 月 23 日、湖北省指導幹部座談会を主宰した際の講話

"作秀"
——民衆を偽ってはならない

　現在流行しているいくつかの娯楽番組、例えば、"艾倫秀"・"百変大咖秀"・"80 後脱口秀"・"爸爸去哪児"・"真人秀" などはいずれも全国的に大衆の人気を博している。"秀"（ショー）はみんなに好まれる。しかし、"秀" の前に "作" をつけると途端に堅苦しく作為的で、なおかつ意図的なニュアンスが強まり、大衆は興味を失い、時には嫌悪さえ感じてしまう。習近平はこの言葉を批判的意味合いで引用し、偽りと形式主義に反対し、指導的幹部に「大衆路線を着実にしっかり歩み、大衆を偽ってはならない」ことを提唱したのである。

　大衆の目は清らかだ。どの役人が上辺だけのパフォーマンスをしているのか、どの役人が親身になって民衆に接しているのか、自分の目ではっきりと見分けるだろう。役人のパフォーマンスの背景には「恩賞に与ろう」という封建思想の残滓が蠢いており、その動機は業績を挙げて出世のチャンスを掴むことにほかならない。官界における虚偽・虚飾の風潮は、もしそれが抑制・是正されなければ、必ずや嘘偽りの報告、虚偽の捏造といった社会の悪弊を助長し、国の発展建設に大きな足枷となり、深刻化すれば官民の対立を生み、社会的騒乱をも醸成しかねない。このようなパフォーマンスに対して党と国の政策は一貫している。すなわち、断固これに反対し取り締まり、類似事件が党と大衆の水魚の交わりを阻害して党の大衆的基盤を揺るがすことは断じて許さない。

　"秀" の本来の意味は、その腕前を披露し、その取り組みを明らかにし、その思いを伝えることであり、うまく "秀" すれば、政府と社会の良好なコラボレーションを一層改善・促進し、相互理解を増進させ、溝を埋めるのに役立つ。しかし、意図的に虚偽を弄したパフォーマンスには断固反対しなければならない。そのようなパフォーマンスは積極的な役割を果たせないのみならず、幹部と民衆の間の矛盾を深め、民衆の反

感を買うからである。

　2008 年から 2014 年の 6 年間、江西省は鳴り物入りで森林造成緑化プロジェクトを展開し、数百億元を費やした。江西省の森林被覆率は本来すでに全国第 2 位であり、植樹が最大の課題であるわけがない。しかし、当時のトップの旗振りによるプロジェクトとして、植樹は各レベルの行政府にとって最大の政治的任務となり、チェックに対応するために各地で奇手が続出した。例えば、すでに 2010 年にメディアも取り上げた、大木を切り倒して新しい木を植えるというケースが現れた。九江市直轄の瑞昌市 注2 では、市内に入る通りにもともと立派なプラタナスの樹が連綿と植えられていたが、市政府はまず道路整備を名目にプラタナスを撤去してクスノキなどを植え、1 年もたたないうちに今度はそれらを抜いてまた植えなおしたため、新しい木は次々と枯れてしまった。これは典型的な形式主義であり、人力と財力の浪費でもあり、当然批判されるべき "作秀" である。

　植樹造林はもとより大事であるが、科学を無視し、指導者の好みに応じるために現実を無視し、猫の目のように方針を変え、一刀両断に物事を進めるならば、良い政策も悪い政策になり、民生プロジェクトもメンツプロジェクトに変わってしまう。この事件からも、指導的幹部は仕事を進める際に "作秀" してはならず、庶民の利益を第一に着実に取り組むべきで、決して形式主義に陥ってはならない、ということを我々ははっきり認識することができる。

　庶民が "作秀" に反感を持つのは、偽りと形式主義に反感を持っているのである。職責をしっかり果たして、大衆に問題が生じた場合には満足のいく解決をする、それができない役人や、行動は上辺だけ、政策決定も行き当たりばったりで、大衆の反感を一層買ってしまう役人もいる。役人たる者の正しい道とは、心から仕事に取り組み、親身になって大衆の憂いを解消させ、"作秀" のような形式主義とは断固一線を画し、党と人民の距離をさらに縮めることである。

注1：出典は清代の詩人鄭燮作の古詩。

注2：中国の行政レベルには地級市と県級市がある。九江市は前者に相当し、瑞昌市は後者に相当する。地級市は日本の都道府県レベルに相当し、県級市が一般的な市に相当する。なお、北京市や上海市などは直轄市で、一級行政区（省や自治区）と同等である。

"作秀"　　**149**

いかなる政党の前途や運命も、最終的には人心の向背によって決まる。"人心就是力量"（人心こそが原動力である）。我が党の党員数は人民の中ではなお少数であり、我が党の壮大な目標は人民の支持がなければ絶対に実現できない。我が党が行う政治の水準およびその成果はいずれも自己評価で済ませてよいものではなく、人民の審判を仰ぐべきであり、またそうするほかに道はない。人民は我が党の活動の最高にして最終の審判者である。

——2013 年 12 月 26 日、毛沢東同志生誕 120 周年座談会における講話

"人心就是力量"
―― 大衆路線は党の生命線である

　"人心就是力量"。この言葉は簡潔だが力強い。わずか6文字ではあるが、その中に含まれている深遠な道理は、一つの政党、一つの国家の前途を決定し、民族の偉大な復興を成就させ、ある時代の終焉を加速させるに十分である。習近平は、この語句を引用して党と人民の関係の真の姿を強調し、党員幹部に大衆路線が我が中国共産党の命綱であり、根本的な活動路線であることをくれぐれも忘れないように注意を喚起したのである。

　"水能載舟，亦能覆舟"（水は船を載せることができるが、転覆させることもできる）注、いかなる政党あるいは政権の前途や命運も最終的には人心の向背によって決まる。著名な愛国民主家黄炎培は、延安で毛沢東と行った有名な対話の中でこう述べた。「歴史には"政怠宦成"（政治が疎かになって官僚がのさばる）、"人亡政息"（リーダーの死によって政治が滞る）、"求栄取辱"（富貴を求めて汚名を蒙る）などいろいろだが、結局はこれらの循環から逃れることはできない」

　確かに歴史はそうである。オスマン帝国はかつてユーラシアに跨り、一世を風靡したが、ルネッサンスと産業革命によって急速に勃興した西欧諸国の前に一撃の下で土崩瓦解した。ユーラシアに跨り、地中海を内海とした古代ローマ帝国から、6国の合従を薙ぎ払い、初めて天下を統一した秦王朝、さらには運河を開削し武威を振るった隋の煬帝に至るまで、いずれも最後は一朝転覆の憂き目に遭ったが、その原因はすべてその内部にあり、人心の向背にあった。ここ30年来、長期にわたり政権を担った由緒ある党や大政党が次々とその座を明け渡し、また、長期にわたり野にあって活発に活動した政党も次々に衰退していった。メキシコの制度的革命党、フランスや日本の共産党などはいずれもその具体的な事例である。また、ソ連の解体およびソビエト共産党の崩壊、さらに

東欧の激変はより一層重大な教訓である。

　こうして見ると、政権であろうと政党であろうと、その前途と命運は、最終的には、それ自身が時代とともに歩んでいるか、人心の向背において常に民衆のきわめて幅広い支持を勝ち取っているかにかかっている。毛沢東は、当時黄炎培にこう答えている。「我々はすでに新しい道を探し当てており、その循環から抜け出すことができる。新しい道とは民主の道だ。人民が監督しなければ、政府は気を抜いてしまう。誰もが進んで責任を負うことで、有能なリーダーがいなくなったから政治が滞る、ということもなくなる」

　「民心を得る者は天下を得る」と言うが、この民心とは人心のことであり、天下を宰領できるパワーなのである。そしてその源は、一つは人民大衆の賛同と参画、もう一つは人民大衆の審判と選択にある。

　人民大衆がある政党の理念や目標に賛同するか否かは、その理念や目標が人民大衆の利益を真に代表できるか、とりわけ、人民大衆の目前の利益と長期的利益に適応できるかにかかっている。大衆はその政党の理念や目標に賛同しなければ、自ら進んでその目標を支持し、そこに身を投じることはない。いかなる政党の目標も、大衆の支持がなければ絶対に実現不可能である。

　ある政党が行った政治のレベルや効果は、いずれも自己評価では決着がつかない。中国共産党の政権は歴史と人民が選択した必然的な結果であり、今日の揺るぎない基盤は結局のところ、人民大衆の心からの擁護や断固たる支持と切っても切れない関係にある。まさしく鄧小平がかつて繰り返し全党を戒めたように、「庶民が喜ぶか否か、満足するか否か、擁護するか否か、受け入れるか否か、それが我々の活動の是非を判断する最高の基準である」。グローバル化の波の中で、中国の発展はさまざまな要素の影響を蒙るであろう。鄧小平はまた、常々以下のように注意を喚起している。「現在、周辺の一部の国や地域の経済発展は我々より速い。もし我々が発展しないか、あるいは発展の仕方が遅ければ、比較

したとたん庶民に不平が生じるであろう」

　今日、ほぼすべての人民大衆は我が中国共産党を信頼し擁護している。しかし、目下、一部の党員幹部は威張り散らし、著しく民衆から遊離し、民衆を「ずる賢い奴」と見なし、民衆の訴えをほったらかしにし、いい加減に処理して面従腹背しており、大衆からますます遠ざかってしまっている。党内のこういった悪弊や腐敗現象がこのまま蔓延していけば、また、我々が大衆との関係をきちんと処理できなければ、中国共産党の政権は水源の枯れた水、幹のない木になってしまい、そのまま行けば非常に危機的な状況に陥るであろう。

　"人心就是力量"、これこそが我が中国共産党の政権基盤であり、歴史を生み出すパワーであり、中華民族の偉大な復興を実現する原動力なのである。

注：出典は『荀子』王制篇。

"人心就是力量"　　**153**

幹部一人ひとりに"手莫伸，伸手必被捉"（悪事に手を染めるな、手を出せば必ず捕まる）（出典は本文参照）の道理を脳裏に刻み込ませなければならない。

――2014 年 1 月 14 日、第 18 回中央紀律検査委員会第 3 回全体会議での講話

"手莫伸，伸手必被捉"
――反腐敗の強い姿勢を堅持する

　1954 年 4 月、陳毅[注1]は組詩『感事書懐』を創作、その組詩の四が「七言古詩・手莫伸」で、人をハッとさせる有名な警句"手莫伸，伸手必被捉"はここから出ている。陳毅は邪心を持った者に対し厳しい警告を発すると同時に、その公平無私な精神と思いやりで「病人」に対し処方箋を下す真摯な心根も示している。この詩は流暢でわかりやすく、人々を啓蒙し、人々に警告を与え、一般庶民であろうと指導的幹部であろうと、読み終わると誰もが聊か感ずるところ、得るところがある。習近平はこの詩句を引用して、指導的幹部に対し「自分に対しても他人に対しても汚職腐敗は断じて容認してはならない」と戒めたのである。

　古人はすでに"貪欲之心不除，如飛蛾撲火，焚身方休"（欲の皮を突っ張ると、蛾が火に飛び込んで身を焼いてしまうようなものだ）[注2]と言っているが、このような平易で含蓄のある言葉の背後にはきわめて豊かな人生の哲理が潜んでおり、欲に目が眩むことの危うさと正しい人生観・価値観を確立することの重要性を私たちに具体的に伝えている。古人が言うごとく、"食色，性也"（食欲と性欲は人の性）[注3]であり、人たる者、誰もが物欲があるもので、正当な個人の利益を追求することは決して非難されるべきことではない。しかし、"君子愛財，取之有道"（君子が財を愛するにはそれなりのやり方がある）[注4]、利益を得るには合法的なやり方、すなわちまじめに働くことが必要で、決して他人や社会や国家の利益を損なってはならない。

　指導的幹部に対してはもっと厳しい要求をすべきだ。というのも、彼らは人民が与えた権力を手にしているからであり、そこには「その権力を一体誰のために使うのか」という問題がある。人民が信頼して権力を賦与したのは、権力を握る者が己の職務を忠実に果たし、庶民のために内容の伴う仕事をし、庶民の利益を図ることを求めているからであり、

権力を自分の蓄財の手段にすることではない。官の腐敗は古代から現代に至るまで庶民に最も憎まれており、国家に与える損害も非常に大きい。指導的幹部は明確な認識を持つべきであり、氏素性、官職・地位の上下に関わらず、一度汚職腐敗というデッドラインを超えたら、党紀国法の厳しい処分を受け、身を亡ぼす結末に直面する。うまくいくのでは、などと決して思ってはならない。他人に知られたくないことには手を染めないに限る。

　現実生活において、汚職事案による痛切な教訓は数多い。普段はいささかも道を踏み迷うことのなかった人がさらに大きな権力を手にしたとき、往々にして目が眩み、誘惑に抗しきれなくなる。教訓は悲惨で代価は高くつき、後悔しても手遅れである。それゆえ、権力を手にした者はみな自分の周りに腐敗を防止する障壁を築かなければならない。

　"手莫伸，伸手必被捉"、この言葉は、党中央が役人に「腐敗はしない、腐敗することはあり得ない」という決心を持つよう迫るものであり、同時に、その警告と戒めでもある。あわよくばと願う邪心を持つ者への警告であり、誘惑を前にして欲に駆られ、いっそやってしまおうとする者への戒めである。常々欲望の害に心を致し、己を律する心を抱くことだ。欲望を自制するには、個々人が自分の道徳的修養を高めることのほかに、社会も正しい気風を大いに称揚し、社会の風紀を清廉かつ秩序正しい方向へ導いていかなければならない。

注1：中国十大元帥の一人。外務大臣、上海市長などを歴任。
注2：出典は唐代姚思廉の著『梁書・到漑伝』"如飛蛾之赴火，豈焚身之可吝"による。
注3：出典は『孟子』告子上。
注4：出典は、明代に編纂されたと推定される子供向けの啓蒙書『増広賢文』。

多くの同志が、しっかり任務を果たしたい、という
思いを持っており、やる気もあるのだが、新しい状況
の下で任務をしっかり果たす技量に欠けており、新し
い状況や問題に直面しても、筋道やコツがわからず、
知識や技量に欠けるがゆえに、依然として従来の考え
や方法で対応することから抜け出せず、やみくもに動
き、結果として任務には取り組んだものの、随分と苦
労した割にはやり方を間違え、こと志に反し、時には
意図したこととやったことが真逆になることさえある。
こういった状況を"新辦法不会用，老辦法不管用，硬
辦法不敢用，軟辦法不頂用"（新しいやり方はうまく
使いこなせない、古いやり方では効果が出せない、厳
しいやり方は取りたくない、生ぬるいやり方では役に
立たない）という。

――2013 年 3 月 1 日、中国共産党中央党校創立 80 周年祝賀大会兼
　　2013 年春学期始業式での講話

"新辨法不会用，老辨法不管用，硬辨法不敢用，軟辨法不頂用"
──学習を強化し、技量パニックを克服する

　現代はどこもプレッシャーと競争が充満し、特に若者は競争や就職という巨大なプレッシャーに晒されている。現代の大学生は就職活動をする際、一般に焦りや戸惑いを感じ、「技量パニック」と呼ばれる心理状態にいつの間にか陥っている。『技量パニック』という本があるが、その掲げるテーマは「人が直面する最大のパニックは技能パニックであり、競争が激しいこの時代では、自ら立ち上がって自分を救うしかない！」というものである。どうやって真の学習革命を起こし、技量への投資を改善して速やかに技能を高めるか、これが今日の焦点になっている。

　「技量パニック」という概念は、中国共産党史上でもかつて出現したことがある。それは、1939 年の延安学習運動における毛沢東の講話で、『毛沢東文集』（第二巻）「延安在職幹部教育動員大会における講話」に収録されている。当時、党の指導的幹部のほとんどは農民出身で、さらに誰もが厳しい戦闘の中で成長してきたため、系統だった学習が不足していた。抗日戦争が膠着状態になり、党の活動に多くの新しい変化が生じたとき、これまで持っていた「技能」はその状況にまったく適応できず、問題が露呈された。そこで毛沢東は「技量パニック」問題を提起し、広範な幹部に対して、新しい情勢に適応して学習に力を入れ、技能を高め、革命の高まりの到来に備えるよう戒めようとした。この講話は、中国共産党が延安で幹部学習運動を展開したときの重要な推進力になった。

　日進月歩の知識経済時代、矢継ぎ早に現れる新しい技術・概念・問題、さらに改革を全面的に深めるという任務を前にして、重大な歴史的使命を担う指導的幹部たる者、自分がよくわかっていないのに人にしっかりわからせようなどということがあってはならず、局面全体を掌握する能力を身に着けなければならない。延安学習運動の経験からわかることは、技量パニックを打ち消す根本的な解決方法は学習である、ということで

あり、学習しなければ、より多くの幹部が叡智を獲得できないし、硬直化したり、迷信を信じたり、舞い上がったり、古い殻に閉じこもったりすることから抜け出すこともできない。当面とりわけなすべきことは、学習を疎かにし、考えることを怠け、現実から遊離している一部幹部の風潮を改めさせることである。

　習近平が新しい情勢の下、党員に対し改めて「技量パニック」への警告を発したのには、まさに現今、世情・国情・党内事情に生じている抜本的な変化が背景にある。世情から見れば、世界は変革・革新・発展・多元化が際立った特徴をなす時代にあり、知識の更新スピードは非常に速く、知識のビッグバンともいうべき時代に突入している。国情から見れば、現代中国はすでに新しい歴史のスタート地点に立っており、経済・社会の発展は一連の踊り場的徴候を呈していて、新しい特徴・状況・問題・矛盾が絶えず生じている。党内事情から見れば、中国共産党は政権政党として複雑かつ過酷な試練に真っ向から直面しており、市場経済と環境による試練も絶えず増え続けている。こういった世情・国情・党内事情を前に、学習に力を入れず、しっかり習得せず、学習と任務を進める中で自分を高めようとしないならば、党員幹部はその肩に担っている歴史に対する責任を全うし難く、ひいては時代から落後してしまうだろう。

　「技量パニック」という言葉は、党自身の建設を党の指導者がきわめて重視している表れである。人類の深化と発展過程とはすなわち、人類が環境や自然への適応能力を絶えず高める過程であった。太古の先住民が自然の雷鳴に恐れ慄き崇めた時代から、現代科学技術が電気エネルギーを利用して人々にハイクオリティな生活を提供するに至るまで、洪水にただ天を仰いで助けを求めるしかなかった時代から、水門やダムを築き、水資源を利用して民衆に幸せな生活をもたらすに至るまで、そのすべては、人類が絶えず自分の能力を高めたことによって得られたものである。政党も同じで、絶えず変化と革新を求め、それによって新しい

"新辦法不会用，老辦法不管用，硬辦法不敢用，軟辦法不頂用"

環境に適応する能力を増大させてこそ、勢いよく発展していく汲めども尽きぬエネルギーを手に入れることができるのである。

ここで述べた"新辦法不会用"とは無知のことであり、"老辦法不管用"とは工夫のないことであり、"硬辦法不敢用"とは頼みにならないことであり、"軟辦法不頂用"とは無能なことを指す。こういった人間は何をやってもだめで、一生うだつが上がらない。こういった役人はあたりに害毒をまき散らし、国や民衆には災いをもたらす。人々が聞き慣れている言葉を用いて習近平が党幹部の「技量パニック」問題を提起したことは、きわめて重要な現実的意義を持っている。

「技量パニック」を克服する唯一の手立ては学習であり、多くの党員幹部は絶えず自分の適応能力と問題処理能力を高める必要がある。知識は書物の中にも実践の中にも存在する。"不能則学，不知則問"（できなければ学び、知らなかったら尋ねる）[注] というように、書物の中から多くのエネルギーを吸収するだけでなく、十分実践に励み、その中で向上しなければならない。学習は"従実践中来，到実践中去"（実践から学び、実践に移す）という本質に立ち返り、知識の習得を技能の習得に変えるべきで、そうしてこそ、「技量パニック」を真に克服し、"新辦法不会用，老辦法不管用，硬辦法不敢用，軟辦法不頂用"という局面を打開できるのである。

注：出典は『荀子』非十二子。

"衆人拾柴火焔高"（みんなで薪を拾えば、炎は高くなる）（出典は本文参照）。我々には任務を分担しつつ協力して事に当たらなければならない中央指導グループであり、効果的な業務システムを持っている。おのおのがその責任を果たし、協力してしっかり任務を遂行する。

——2013 年 3 月 19 日、BRICS 加盟国メディアの共同取材を受けたときの講話

"衆人拾柴火焔高"

――一致団結してともに偉業を果たそう

　"衆人拾柴火焔高，三家四靠糟了糕"（みんなで薪を拾えば炎は高くなる、他人に頼っていてはやっていけなくなる）、この言葉は民間で使われ、すでに諺として『中国諺語集成』に収録されており、その意味から、一般には心を一つに力を合わせて共通認識と協力体制を構築することの喩えに用いられる。

　中国共産党18全大会以来、新指導者集団は全世界の注目を浴びた。習近平はメディアの共同取材を受け、自分と新中央指導者集団の活動に言及した際、この諺を引用して二つの意味を伝えた。一つは、指導者に対する中国伝統文化の理解は、単なる個人としての存在ではなく、個人が全体の中に融け込み、互いに協力し、欠点を補い合ってこそより一層その役割を果たせる、というものであること。もう一つは、はっきり言って、中国の最高指導者とは実は外部が想像するような最高権力者ではなく、集団指導体制を敷き、メンバーには明確な分担があり、緊密に協力しているのである。

　中国共産党が行おうとしているのは、中国人民を発展から繁栄へと導き、"富強・民主・文明（モラル）・和諧（調和）"が備わった社会主義現代化強国を築き、中華民族の偉大な復興という中国の夢を実現するために奮闘努力することである。10数億の人民の共通の夢を実現しようとするなら、一部の人間の力に頼るだけではとても完成できない。それにはより多くの人がこの夢の価値を認め、ともに偉大な発展と建設事業に加わる必要がある。一人ひとりがこの夢のために一臂の力を供すれば、月日をかけることで万丈の高殿ができ上がるであろう。

　「人が多ければパワーも大きい、人が多ければ事が運びやすい」という考え方は中国の民間に古くからある。その背後にある深い社会的要因を考察すると、それは主に中国古代の農耕を主とする社会構造にあり、

162　　習近平の思想と知恵

一定時間に投入する労働力が多いほど後日の生産・収穫量も多くなる。しかし、大量生産が主流となった現代社会では、社会の分業はますます細分化され、個人の自我もますます強くなっている。システム論と現代管理学によると、全体は必ずしも部分の総和とイコールではなく、全体の機能は各小システムや各部門の持つ機能の機械的な総和より大きいか、はたまた小さい。それは各小システムや各部門の目標が一致しているか否かによるし、合理的な構造を築けるかどうかにもよる。もしあるシステムの中で、参画した人に統一された思想的認識や行動指針がなく、行き当たりばったりででたらめをやったり、統一された考えや目標はあるものの、組織の構造と運営システムが、個人の能力と性格の互いに補い合う関係を作れないままに個人的活力を引き出せば、そのシステムの中では、人が多ければ多いほど、個人の能力が強ければ強いほど、内部の消耗が激しくなってしまう。

　したがって、“衆人拾柴火焔高”を弁証法的に解釈しようとする場合、単に「人が多ければパワーも大きくなる」と解釈するだけではいけない。我々は“富強・民主・文明・和諧”が備わった社会主義現代化強国を築くという統一された目標を持つと同時に、科学的な運営メカニズムと合理的な分業システムを作る必要がある。そうしてこそ、最終的に無敵のパワーを作り上げることができ、「炎」もますます盛んに燃え上がるであろう。

私は"痛并快楽着"（苦痛だが楽しい）（出典は本文参照）ではなく、"累并快楽着"（疲れるが楽しい）のだ。

――2013年3月22日、中国駐ロシア大使館の館員および中資機構代表と会見したときのスピーチ

"累并快楽着"
――楽観的精神で仕事に励む

　1995 年に斉秦が出したアルバム『痛并快楽着』は中国語の音楽界を席巻した。その後、"工作并快楽着"、"辛苦并快楽着"といった言葉も流行し始めた。CCTV の 2014 年春節の夕べで歌曲『時間都去哪兒了』（時間はどこへ行ったの）が放送された後は、一時、"時間都去哪兒了"が人々の興味をそそり、派生したさまざまな "去哪兒了" が社会の流行語となった。

　2013 年 3 月、習近平はロシアを訪問、中国駐ロシア大使館の館員および中資機構代表と会見し、今回のロシア訪問と「自分の時間は一体どこにあるのか」というテーマに言及したとき、「私は "痛并快楽着" じゃない、"累并快楽着" なんだ」と言った。彼は当時の社会の流行語をユーモアを交えて改作引用し、仕事と生活に対する自分の楽観的精神を伝えたのである。

　時間は依怙贔屓しない。誰に対しても「1 日は 24 時間」と平等だ。いかにしてその時間をうまく使うかは、それぞれの人にとってきわめて重要である。公開される報道から、大国の指導者として習近平の時間がどこに行ってしまったのか、中国人なら理解できるはずだ。指導者の毎日の時間設定はまるでチャンネルを切り替えるようで、どのチャンネルでも失敗は許されない。指導者の外国訪問は一般的に休憩もなく次から次へきっちり手筈が整えられていて、仮にあったとしても、指導者たる者、次のスケジュールで自分がすべきパフォーマンスの内容を真剣に準備し考えておかなければならない。指導者と一般人との違いは、指導者は国のイメージを代表するシンボリックな存在であり、その一挙一動、一言一句は国民の期待と要望に合致していなければならない。こういった責任と使命を担うことで、指導者は事をやり始めたが最後、いささかもおろそかにすることはない。習近平が言ったように、彼は疲れるが、

しかしそれが楽しみでもある。

習近平が"累并快楽着"と言ったのは、実に率直にいささかも隠すことなく自分の大変さを述べたものだが、その一方で、自分が愉快であること、「国家のために全力を振り絞り、人民のために自分ができる努力や貢献をすることはそれがどんなに苦しく疲れるものであっても、それだけの値打ちがあるものだ」ということをみんなに伝えているのである。

"空談誤国，実幹興邦"（机上の空論は国を誤り、着実に取り組めば国は栄える）とは彼が「復興之路」展示会を見学した感想であり、"夙夜在公，為民服務"（日夜公務に励み、人民のために尽くす）とは彼の総書記就任後の決意である。"累并快楽着"とは"実幹興邦"という習近平の公約であり、人民のため政務に励むということの完璧な表現でもある。この言葉は、仕事や生活に対する彼の楽観とユーモアを体現するものであり、事業に対するこだわりと真摯な取り組みをも示している。

指導者たる者、行政レベル・職務・担当地域に関わらず、その職責は人民のために尽くすことである。「疲れる」というのは仕事に取り組む状態の表面的な表れであり、指導的幹部は全身全霊を打ち込まなければ自分の職責を全うすることができない。「楽しい」とは心理状態であり、理念でもあり願望でもある。指導者も人間であり、過重な仕事量で生理的に疲れるのは当然である。しかし、それでも心理的には楽しめる。そのわけは自分と人民大衆には水魚の交わりがあり、人民のため政務に励むという国政行為に自分の真情を注ぎ込んでいるからである。人民に対する忠誠と熱愛があるからこそ、大衆の願いを実現できたその暁には言い知れぬ安らぎを得るのである。「疲れる」とは使命感の然らしむる結果であり、「楽しい」とは人民のために尽くした後の安らぎと幸せである。

現代社会では、友人同士の挨拶言葉が従来の「ご飯食べた？」からだんだんと「何が忙しいの？」に変わってきている。多くの人は「最近忙しい？」と聞かれ、みんな「忙しい」と答える。「忙しい」が国民生活

で当たり前になり、その結果、疲れてしんどい思いをする。すると一部の者はそれが原因で冷静さを失い、とことんひねくれ、堪え性がなくなる。実は疲れるというのは表面的な結果にすぎず、重要なことは何で疲れるのか、ということだ。愛する人のために尽くせばたとえ疲れても幸せであり、自分が打ち込んでいる事業のために努力すればたとえ疲れても晴れがましい。習近平の言葉から滲み出ているのは楽観主義の精神であり、中国社会にプラスのエネルギーを注入しているのである。

批判や自己批判を行うには、勇気と、党員としての
矜持がなければならない。自分を護り病を治すその武
器を放棄してはならない。忠言耳に逆らう、良薬口に
苦し、共産党員たる者、"有話要放到卓面上来講"（話
すべきことがあれば机上に乗せて論ずる）べきである。

──2013 年 9 月 23〜25 日、河北省委員会常務委員会民主生活会に
　フル参加し指導を行ったときの講話

"有話要放到卓面上来講"
――批判や自己批判に長ずる

　"有話要放到卓面上来講"とは、対話する双方が余すこと隠すことなくそれぞれの立場・観点を正直に披歴することである。習近平はこの言葉を用いて、指導グループの団結と方策決定の透明度を高めるために、批判と自己批判という党の優れた伝統を発揚しようとしたのである。

　毛沢東はかつて、批判と自己批判、理論を実情と関連づけて大衆に密接に寄り添うことを、ほかのいかなる政党とも異なる中国共産党の際立った特徴として位置づけた。問題を机上に乗せて論ずることを、指導者層内部が意思の疎通と交流を図って問題の複雑化を避ける方法とし、こう述べている。「話すべきことがあれば机上に乗せて論ずるべきである。長の任にある者がそうすべきであるだけでなく、委員たちもそうすべきだ」

　"有話要放到卓面上来講"は、指導者層が内部の矛盾を解決し、内部における監督を強化し、団結を維持するための重要な方法であるとともに、同志間で合意を形成し、誤解を取り除き、矛盾を解消する効果的な方法でもある。真摯に批判し、直接説き明かすことで誤った思想は排除され、心のしこりが消え、パワーが結集される。

　このやり方を理解するのはたやすいが、たやすく受け入れられ運用されはしない。原因はいろいろだが、主たる要因はやはり対話の双方があれこれ考えすぎ、相互の信頼が欠け、問題の解決について共通認識が不足しているからである。とりわけ、一部の指導グループでは、他人の欠点を見つけたことで仕事上で互いに離齬が生じると、胸襟を開いて率直に指摘し、直接はっきり言い、是非を明らかにし、真偽を見極めることをせず、陰でぶつくさ言い、さまざまに言い立て、互いに罵り合い、恨み合うことで次第に「表立って言わずに陰口をたたき、会議では発言せずに終了後に勝手なことを言う」という悪習が醸成される。

"有話要放到卓面上来講"には明解な道理が含まれている。すなわち、欠点を暴くことが目的ではなく、根本的な目的は、問題を解決し欠点を改め、党員幹部の総合的素質を高め、人民大衆のためによりしっかり尽くすことである。同時にこの言葉は、「問題を隠してはならず、白日の下に晒し、党内の同志の間で治療すべきだ」ということも示している。

　良薬は苦いが病気に効く、忠言は耳に逆らうがためになる、と言うが、他人の批判を聞き入れられなければ自分が向上できないし、問題を真に解決することもできない。「批判と自己批判は良薬であり、同志と自分を本当に大切にしているのである」。同時にまた、批判は決して報復ではなく、党内批判は良薬であり毒薬ではない。批判に乗じて相手を陥れることがあってはならない。習近平は言う。「党内では胸襟を開き、同志は互いに諫め合う誠実な友人でなければならない。批判するときには私心なく真摯な態度で、批判の仕方に十分注意を払わなければならない。また、事実に基づいて是非を明らかにし、真偽を見極めるべきで、くれぐれも個人的な確執・利害損得・縁故関係で事に当たったり、人を遇してはいけない」

　"有話要放到卓面上来講"にはさらに深い意味がある。指導グループは重大問題における方策の決定において、密室操作をしたり、トップのいわゆるツルの一声で決めたり、数人で密かに結託して決めたりせず、内部の透明性を保たなければならない。党の民主集中制を堅持し、民主を発揚し、十分根回しをし、集団討論を行い、共通認識を醸成し、民主的科学的な方針決定をしなければならない。これらは、党の科学性を向上させるためには当然の要求である。

　"有話要放到卓面上来講"は、党の指導グループ内においてその役割を十分に発揮すべきであるが、それ以外に、一般庶民の日常生活にとっても積極的な役割を担っている。この言葉の背後にある公平・公正・公開意識は、国民の全体的資質と公民意識が向上している現段階ではきわめて重要なポイントである。今後、中国の発展はますます速まり、開放

の度もますます増していくであろうが、それに伴い、直面する試練や問題もまた多くなるだろう。社会の各層の利益バランスをどう保ってそれぞれのクラスターを協調共存させるか、それには、"有話要放到卓面上来講"という精神をみんなが守り継承し、互いに信頼し合い、支え合う必要がある。そうすれば社会の気風は一新されるであろう。

中国で指導者になるには、状況をはっきり把握した上で"統籌兼顧"（各方面に配慮しつつ統一的に計画する）し、総合的にバランスを取り、重点を際立たせ、全体的局面をリードし、時には小事にかまけず大事を把握し、大事を以って小事を兼ね、時には小事によってよく大事を導き、小事の中に大事を見いださなければならない。喩えて言うなら、"十個指頭弾鋼琴"（10本の指でピアノを弾く）必要がある。

──2014年2月7日、ロシアのソチでロシアテレビ局の特別取材に
　　応じたときのスピーチ

"十個指頭弾鋼琴"
――"統籌兼顧"して仕事をする

　"十個指頭弾鋼琴"とは、良い音楽を奏でようとするなら、10本の指を互いに協力させなければならないことをいう。この喩えは、事を行うには全面的に考えをめぐらす必要があり、中心的な仕事を軸に各方面の仕事を進め、全面的に行いながら重点も際立たせなければならないことを指す。習近平はこの言葉を引用し、"統籌兼顧"しながら総合的なバランスも整えなければならないという、国事に取り組む彼の理念を示そうとしたのである。

　いわゆる"統籌兼顧"（各方面に配慮しつつ統一的に計画する）とは、プロジェクト執行の過程で矛盾や問題をできる限り減らし、プロジェクトの健全な発展をスムーズに推進するために系統立てて考えを進め、計画を進める前に対応策を準備して各方面の利害を調整しようというものである。中国ではすでに以前から問題処理にはこうした思考をめぐらす方法があり、例えば『清史稿』穆宗紀一には"諭曽国藩統籌江北軍務"（曽国藩に江北軍務を統籌するよう命ず）という記載がある。中国は大国であり、処理すべき問題が多く、"統籌兼顧"は科学的発展観を堅持するための根本的方法である。現在の中国は、都市と農村、地域、経済・社会、人と自然などの調和の取れた発展を統一的に進め、また、国内の発展と対外開放、中央と地方、個人の利益と集団の利益、部分の利益と全体の利益、当面の利益と長期的利益の関係などを統一的に進めなければならない。

　中国は改革開放以来30年余り、急速な発展を遂げ、自分なりの問題処理方法を築き上げた。総括すれば、絶えず統一性と協調性を強化するという前提の下で、不可能といわれていた任務を一つひとつ遂行してきた。「中国の"統籌"はやはり計画経済時代の産物であり、現在の市場経済における発展・需要にはもはや適応できず、早く歴史の舞台から退

場すべきである」と言う人もいる。こういった論点はあまりに偏っており、何よりも"統籌"と"計画"の概念を混同している。"統籌"が求めているのは全体としての協調であり、それは、健全かつ持続的な発展を保障するためのものである。"統籌"は動的なプロセスであり、状況の変化に伴って調整される。一方、"計画"はなにより安定に軸足を置いた静的なプロセスで、一定程度変化を拒絶するものであり、開始されると同時に全体的な設計プランが実行に移され、しかる後、各部署がその後に続くため、必要とされる柔軟性に欠ける。新しい問題に直面したとき、対応する方法が乏しければ思わしくない結果が生じてしまうだろう。

　中国は大きく広く人口も多く、また、各部分・分野の差異も大きいため、国を治める方法は決して千篇一律であってはならず、ましてや右へ倣えで一斉にやることはできない。それゆえ、指導者には、問題の主要な方面や主要な矛盾と、二の次となる方面・矛盾とをはっきり見分けて"統籌"という任務をきちんと遂行することが求められる。毛沢東は常々成果と誤りのどちらのほうが大事かという問題を「9本の指と1本の指」に喩え[注]、主要な矛盾の主要な側面を把握する鍛錬を怠ってはならないことを説いた。事物の性質は支配的地位を手に入れた主要な矛盾の主要な側面によって主に決定されるものであり、したがって、問題を見極め処理する際には、主流と支流、つまり何が9本の指で、何が1本の指かをはっきりさせなければならない。

　中国が抱える問題は大小さまざまで、複雑多岐である。かつてある外国の指導者が「中国の指導者が管理しているのは国家ではなく国連だ」と冗談を言ったが、国土は広く人口は多く、地域間の経済発展はきわめてアンバランスであることからも、中国の指導者が直面している試練の一端を垣間見ることができる。

　"十個指頭弾鋼琴"とは決して10本の指でピアノを押せ、と言っているのではない。一部の地方で顕在化した問題にもし共通性があれば中

174　習近平の思想と知恵

央はこれを重視すべきだし、地域の特性による個別的な問題であればその地域に任せてもよい。強弱を心得、緩急をつけてこそ、素晴らしい演奏ができる。"統籌兼顧"を旨として協調発展することこそ、複雑な問題を解決するキーポイントであり、"十個指頭弾鋼琴"の要諦なのである。

注："九個指頭和一個指頭"。毛沢東が1950年代後半の大躍進政策の時期に述べた言葉。「1本の指に問題が生じたからといって残りの9本の指すべてを否定できるのか」の意。

"行百里者半九十"（100里を行く者は90里を半ばとする）（出典は本文参照）。中華民族の偉大な復興という目標の実現に近づくほど、我々はより一層怠らず倍旧の努力をし、多くの若者にこの目標のために奮闘するよう呼びかけなければならない。

──2013年5月4日、各界優秀青年代表との座談におけるスピーチ

"行百里者半九十"
——青年は孜々として努力奮闘すべきだ

　前漢、劉向の『戦国策』秦策五に"詩云：'行百里者半於九十'此言末路之難也."[注1] という言葉がある。この言葉は、事を行うとき、成功に近づけば近づくほどますます困難が増し、真剣に対処しなくてはならないことを形容している。現実生活では、多くの人が当初はやる気満々、大志を抱くが、時間が経つにつれてしぼんでしまい、気力を欠き、決心も失せ、最後はお茶を濁してしまう。習近平はこの言葉を借りて、我々は中華民族の偉大な復興を実現するという目標に近づくほど、一層怠ることなく倍旧の努力を続けなければならない、ということを伝えようとしたのである。

　管理学に「1オンス増の定律」というのがある。ジョン・テンプルトン[注2] は「際立った成果を挙げる者と一般人の行う仕事はほとんど変わらない量である。その差はどこにあるのかというと、1オンス多かっただけだ。しかし結果には雲泥の差がある」と言った。1950年、フローレンス・チャドウイックは世界で初めて女性としてイギリス海峡を泳ぎ切ってその名を馳せた。2年後、彼女はまた、カタリナ島からカリフォルニアの海岸まで泳ごうという前人未到の記録に挑んだ。骨身も凍る大海原を16時間泳ぎ、力も尽き果てた。彼方は霧が立ち込め、目標地点ははるか先に思えた。そこで彼女は、「もう今回は泳ぎ着けそうにないわ」と思い、船上の人に「私を引き揚げて」と言った。ぶるぶる震えるチャドウイックが船に上がり、熱いスープを飲んだまさにそのとき、小舟が対岸に到達したのである。このとき彼女は成功まであと半マイル（約800メートル）だったことにやっと気づいた。この経験で彼女は、成功を阻害するのは濃霧ではなく自分の心の迷いだ、ということを悟り、2か月後に再挑戦した。相変わらずの濃霧で骨身に沁みる寒さだったが、今回はめげることはなかった。目的地は前方にあり、かつまた、彼女の

心の中にあるとわかっていたし、信念の大切さを知っていたからだ。長い歴史を紐解くと、最後に成功を勝ち得た人はごくわずかで、チャレンジを放棄した人は枚挙に暇がない。彼らはスタートラインでもう負けてしまっているのだろうか。そうとも限らない。成功した人は、往々にしてこだわりが他人より1オンス多かっただけなのである。

成功への道は往々にして困難や曲折に満ち満ちている。個人が自分の事業を成功させる場合もそうだが、国家がその夢を追い求める場合はなおさらである。

中国は今、改革開放を進め、社会主義事業建設を加速させるいう高速レール上を突っ走っており、この事業をさらに輝かしく希望に満ちたものにするには、志を持った有為な若者たちにより多くこの歴史的雄図に参加してもらわなければならない。毛沢東はかつて青年たちの溌溂とした精神を「朝8時9時の太陽」に喩えた。今日、習近平が"行百里者半於九十"という古語を用いて若者たちを励ましたのは、自己の才能を大いに発揮できる目前のチャンスをしっかり掴まえ、たゆまず努力し、国家の発展と建設にその青春とパワーを捧げることを彼らに期待しているからである。

"行百里者半於九十"という言葉は、「目標はまだ達成されておらず、決して足取りを緩めてはならないし、困難を軽く見てはならない」と我々に注意を喚起しているが、それどころか、成功が近づけば近づくほど、我々はもっと努力しなければいけない。

実はこういった問題を克服するのはさほど難しいことではない。まず最初に自分の目標を明確にし、高い志を持つことだ。"不到長城非好漢"（長城に登らなければ男じゃない）という気概を持ち、目指す目標を向上への努力と頑張りぬく力に変え、自分の行動によって目標を現実へと変えていかなければならない。

次に、努力を怠らず、終始一貫頑張らなければならない。古人曰く"靡不有初，鮮克有終"（最初は誰でもしっかりやるが、最後を全うする

ものは少ない）注3。好スタートを切るのはさほど難しいことではないが、有終の美を飾り、最後まで頑張ることは難しい。まさに〝脚踏実地海讓路，持之以恒山可移〟（着実に行えば海も道を讓り、たゆまず行えば山をも動かせる）である。

　最後は、自信を持ち、成功を求めてやまないことである。目標を前にしたとき、自信があるからといって必ず成功するとは限らないが、自信を持たなければ必ず敗北してしまう。自信とは勝利を勝ち取るための心の支えであり、心の底にある成功への渇望は絶えず勝利に向かって前進する活力であり、自分の可能性を信じ、決して軽々しく放棄してはならない。

注1：大意は「詩に言う。『百里を行く者は九十里を以って半ばとす』と。これは最後の道のりの困難を言っているのである」
注2：アメリカの投資家。ウォール街で伝説の投資家と呼ばれ、日本にも巨額の投資を行っている。その投資哲学は今でもしばしば引用される。
注3：出典は『詩経』大雅・蕩。

〝行百里者半九十〟　　**179**

"以青春之我，創建青春之国家，青春之民族"（若々しい自分で、若々しい国、若々しい民族を創ろう！）

──2013 年 5 月 4 日、各界優秀青年代表との座談におけるスピーチ

"以青春之我，創建青春之国家"
──青春は奮闘するためのものだ

　1916 年、上海の雑誌『新青年』第 2 巻第 1 号は李大釗[注1]の画期的な力作『青春』を掲載、その中では次のような声が発せられた。「若々しい自分で、若々しい家庭、若々しい国、若々しい民族、若々しい人類、若々しい地球、若々しい宇宙を創ろう、その限りなき生を楽しむために」。1916 年初春、まさに袁世凱が辛亥革命の勝利の果実を盗み取った国難に際し、李大釗は、その身は日本にありながら心は祖国にあり、部屋に籠ると面会を謝絶し、『青春』の創作に励んだ。今日、この詩は、奮闘努力して有為な人材となるよう青年たちを励ます不朽の名作になっている。

　2013 年五四青年節に各界優秀青年代表と座談した際、習近平がこの語句を引用してみんなを励ましたのは、彼が青年たちに寄せる大きな期待の表れである。

　いつの時代でも青年は国家の未来である。梁啓超[注2]は『少年中国説』の中で「少年の智力は国の智力であり、少年の豊かさは国の豊かさであり、少年の強靭は国の強靭であり、少年の独り立ちは国の独り立ちであり、少年の自由は国の自由であり、少年の進歩は国の進歩であり、少年が欧州に勝ることは国が欧州に勝ることであり、少年が世界に雄飛することは国が世界に雄飛することである」と述べた。

　中国共産党は、結党したその日から広範な青年たちと緊密に手を結んだ。党の事業の発展は青年とは切り離せないが、青年の健全な成長はなおのこと党と切り離せない。近現代における中華民族の歴史的変遷は、青年が立ち上がれば国が勃興し、青年が強靭であれば国家も強靭になることを立証している。中国が半植民地・半封建社会に零落した後、無数の熱血溢れる若者たちが、祖国を危急存亡から救い奮い立たせるために奔走し呼びかけ、いかにして国を救い民を救うか、積極的にその正しい

答えと道筋を模索した。五四運動[注3]の勃発は、中国の青年たちが中国人民の反帝・反封建闘争の急先鋒となったことを象徴している。中国共産党成立後、理想に燃えた革命青年たちは、党が指導する民族独立と人民解放の戦いの中、勇敢に突進して敵陣を陥れ、赤き血を迸らせ、中国革命の勝利に卓越した貢献をした。

　新中国の成立は青年たちの成長に新天地を切り開いた。1950年代、毛沢東は知識青年たちを接見したときに、「世界は君たちのものであり、また、私たちのものでもあるが、究極的には君たちのものだ。君たち青年は意気盛んで、8時9時の太陽のようにまさに発展に向かう時期にいる。希望は君たちの肩にかかっている」と述べたが、多くの若者が社会主義建設事業のために夢中になって働き、その創業に刻苦勉励、滅私奉公し、新中国を守り建設するために抜群の手柄を立てたのである。

　中国共産党11期3中全会以来、党は、青年、特に知識青年が経済の発展と社会の進歩を支える人材になるよう、広く新しい受け皿を用意した。そして多くの青年が「団結し、中華の振興を図ろう」という時代に即した強力なメッセージを発し、改革と建設の実践に積極的に身を投じ、各方面で団結奮闘し、仕事に励み、進取の精神で中華民族の偉大な復興に貢献した。

　長江の波はあとからあとから押し寄せる。世の中も新しい人材が次々と現れる。1990年代初頭、鄧小平は指導的ポストを離れたのち、党の第三世代の核心に対し諄々と諭した。「もっとたくさんの若者を成長させなさい。彼らが成長すれば私は安心だ」。その後、江沢民、胡錦濤など中央の指導者は何度も「青年を手中に収めることが未来を手中に収めることになる」とその重要性を力説し、社会に流布されている「いわゆる"80後"（1980年代生まれ）はわけのわからぬ世代、ダメな世代だ」といった評価に対し、「改革開放の偉大なプロセスの中で成長してきた現代青年が信頼するに値し、重要な任務を担えることは実践が証明している」との見解を示した。

182　　習近平の思想と知恵

いかなる時代においても、青年は成長盛りで思考は鋭敏、新しい事物を素早く受け入れ、社会において最も意気盛んかつ生命力に富んだ層であり、本来、新しい気風を率先して切り拓く輝かしい伝統的使命を帯びている。しかし同時に、青年は社会的経験が乏しく、挫折に遭い己を磨いた経験も乏しい。それゆえ、常に革新的取組を行うには、何事にもめげず勇を振るって前進するという精神、真理を探求し真実を追求するという態度がより一層必要になる。現代の青年が社会を支える人材になるにはしっかりした専門知識と技術・技能を必要とする上に、複雑な社会環境と国際環境の中で現代中国の大局を全面的に見極め、今後の発展の趨勢を科学的に把握できなければならない。また、さらにしっかりと社会に適応するだけでなく、社会に出たのち、社会の進歩を牽引する責任も担わなければならない。この信念は、民族復興という舞台で青年たちがその叡智を発揮し、才能を開花させ、自己実現を果たし、時代と人民の負託に応える成果を生み出すよう後押しするであろう。

注1：1889〜1927年。中国共産党の創始者の一人。北京大学教授。中国にマルクス主義を紹介。

注2：1873〜1929年。清末民初の政治家、啓蒙思想家、ジャーナリスト。康有為の弟子として戊戌の変法にも参画。中華民国成立後も幅広く活躍した。

注3：第一次世界大戦後、1919年に開催されたパリ講和会議に反発した全国規模の抗日、反帝国主義運動。中国の覚醒を促し、その後の大衆運動の原点となった。

　　　　　　　　　　　　　　　"以青春之我，創建青春之国家"　**183**

青年の価値観が未来の社会全体の価値観を決定づける。一方、青年は価値観を形成し確立する時期にあり、この時期において価値観形成をしっかり行うことはきわめて重要である。それはまさに服を着てボタンを嵌めるとき、最初のボタンを掛け違えば、残りのボタンすべてを掛け違ってしまうようなものだ。"人生的扣子従一開始就要扣好"（人生のボタンは最初が肝心だ）。

　　——2014年5月4日、北京大学教員学生座談会におけるスピーチ

"人生的扣子従一開始就要扣好"
——価値観の形成は青年期が大切

　人は服を着なければならないし、着るであろう。誰もが幼いとき、両親からボタンの掛け方を教えてもらう。それは日常的な動作であり、毎日繰り返し行っている。「ボタンは上から順に嵌めていく。さもないと服が歪む」、これも当前の道理だ。しかし、このごく平凡な事例の中に別の深い意味を汲み取ることができる。すなわち、習近平が青年たちに語った"人生的扣子従一開始就要扣好"である。

　習近平のこの「人生ボタン論」は、青年たちの価値観の形成に対し非常に示唆に富んでいる。確かに人生はボタンのようなものだ。最初のボタンを掛け違えば、あとのボタンも必然的に掛け違えてしまい、しまいには堕落と破滅に向かう。

　青年期は一人の人間が成長し成熟するために最も重要な時期であり、この時期に個人の価値観・人生観・世界観が確立され、その後の人生の歩みにきわめて重要な指針としての役割を果たす。青年期は学びの黄金期であり、さまざまな思想の影響を最も受けやすい時期でもある。北京大学を視察したときに習近平が大学生たちに提起した"勤学"、"修德"、"明辨"、"篤実"（学問に励むこと、モラルを身に着けること、理非曲直をはっきりわきまえること、飾らず誠実であること）の四つの要求は、大学生が社会主義の核心的価値観を育み実行するための指針と方向を示したものである。これは、大学生が世界を知り、思想を正し、正しい価値観を確立し、将来、人生の最初のボタンをしっかり掛けることに役立つであろう。青年期に確立した価値観は、その後の人生に直接的影響を与える。青年たちは必ずや正しい価値観の指導を受け、修養に励み、自ら国を支える必要不可欠な人材に成長し、将来なお一層人民のために尽くすであろう。

　孔子は『論語』里仁篇でこう言っている。"不患無位，患所以立。不

患莫己知，求為可知也"（地位が得られないことを心配するのではなく、地位を得るだけの内実があるかを気にかけなさい。世間に認められないと気に病むのではなく、認められるような内実を求めなさい）[注1]。この言葉は青年に対し「自分がどんな職位に就けるだろうと心配するのではなく、自分がそういった職位にふさわしいだけの価値を習得しているかを心配しなさい」と戒めているのである。青年は、君子が振る舞うがごとく、自分が他人に理解されないのではないかなどと心配せず、自己の完成にのみ絶えず心掛けていれば、自ずと心が体をなし、他人にも知られるようになる。"人民科学家"と讃えられた銭学森[注2]はその青年期に国難を目の当たりにし、きっぱりと航空で祖国に報いる道を選び、満腔の赤心を抱き、近い将来、一を以って十に当たり、百に当たり、千万に当たるべく、科学の力で国のために尽くすことを願った。彼の価値観では、国は重く、家は軽く、責任は泰山より重かった。こういった考えの下、アメリカに20年余り身を置き、常人では望むべくもない栄誉と地位を手に入れながら、アメリカで得たすべてを毅然として捨て、さまざまな障害を乗り越え、夢にまで見た祖国へ戻ろうとしたのである。帰国して将来どんな地位に就こうなどとは考えもせず、ましてや帰国することが算盤に合うかなどという功利的な考えもなく、ただひたすら自分が学んだことが新中国の建設と発展に少しでも貢献できるのか、祖国のために一臂の力となれるのか、そればかり考えていた。このような考え方は実に素朴かつ真摯であるが、彼をそうさせたのは、実に彼が青年時代に確立した価値観であり、それこそが、銭学森にとって人生最初のボタンだったのである。

青年期は力を蓄える絶好の時期である。「親愛なる青年たちよ、青春に生き、青春に死ね」[注3]、これが青年に対する李大釗の願いだった。青年は青春の情熱と希望を抱き、目標をより高く掲げて修養に励み、基準をより高く設定してその使命を担うべきである。特に人生最初のボタンをしっかり嵌めて、正しい人生目標を設定し、正しい価値観を確立し、

しかる後、大胆かつ勇敢に己を鍛え、己を試し、荒波の中でその品性を高め、模索の中で次第にその信念を日に日に揺るぎないものにしなければならない。任務とその困難を目の前にして、「どうしよう」とためらうのではなく、むしろ「どうやろう」と考える、「私は知らない」と逃げるのではなく、むしろ「私がやろう」と考える、そうしてこそ、己を充実させることができ、何があろうとその大任を果たし、国家と人民に託された任務を順調に完成させることができるのである。

　何事も最初が難しいが、その理由は、正しい第一歩を選ばなければならないところにある。一体全体、どんな人生の価値を実現させようとしているのか。どんな生き様をしようとしているのか。第一歩をしっかり選ばなければ、最初のボタンをしっかり掛けなければ、自分の人生をしっかり歩むことはできないのである。

　人生は多彩であり、世界は多様であるが、その要諦は自分の正しい道をしっかり選ぶ、すなわち最初のボタンをしっかり掛けることである。その最初のボタンとは、国家の要請、社会の期待、個人の価値の緊密な結びつきである。最初のボタンをしっかり掛けてこそ、理想的な輝かしい人生を過ごすことができる。

注1：書き下しは「位なきことを患えず、立つ所以を患う。己れを知ること莫きを
　　患えず、知らるべきことを為すを求む」
注2：1911～2009年。アメリカに留学。カリフォルニア大学教授などを歴任後、
　　帰国し、中国のロケット、ミサイル開発の父といわれた。
注3：前掲の李大釗『青春』の一節。

　　　　　　　　　　　　　　　　"人生的扣子従一開始就要扣好"　　**187**

詩文の章

我々はここ 90 年余りの党と人民の実践およびその経験を片時も忘れたり寸時も見失ってはならず、身を処する上での根本原理として捉え、"既不妄自菲薄，也不妄自尊大"（何かと自分を卑下したり尊大ぶったりせず）、党と人民が長期にわたる実践探索によって切り拓いてきた正しい道を一切迷うことなく歩まなければならない。

──2013 年 12 月 26 日、毛沢東同志生誕 120 周年記念座談会でのスピーチ

"既不妄自菲薄，也不妄自尊大"
——中国の経験に対する自信と自覚

　"妄自菲薄"と"妄自尊大"はいずれも中国人がよく耳にする成語である。前者は三国時代蜀の諸葛亮（諸葛孔明）の『出師表』注1 "不宜妄自菲薄，引喩失義，以塞忠諌之路也"（何かと自分を卑下したり、自分に都合の良い話をして、家臣の心からの諌めを封じ込めてはいけない）による。孔明は劉禅を補佐して漢室再興を図ったが、劉禅にはその志がなく、これを憂いた孔明は魏への北伐に向かう際、劉禅に書を奉り、自分を過度に卑下することのないよう諭した。後者は六朝宋の范曄の『後漢書』馬援伝 "子陽井底蛙耳，而妄自尊大"（公孫述は井の中の蛙で、何かと尊大ぶっています）による。後漢初期、劉秀が帝位に即いたが（後漢の光武帝）、天下はまだ統治が行き届かず、各地は群雄割拠の状態で、中でも公孫述の勢力は最も強大だった。隴西（現在の甘粛省の一帯）に覇を唱えていた隗囂は馬援を公孫述注2 のところに派遣し、今後長くともに割拠すべく相談を持ち掛けた。しかし公孫述は皇帝のように振舞い、傲慢無礼であった。馬援は非常に不愉快になり、帰ってから隗囂にこう告げた。「公孫述は井の中の蛙です。天下の広きことを知らず、思い上がっています」

　習近平はこの二つの言葉を使って、中国独自の社会主義の道を堅持する過程で社会に生じる二つの誤った傾向に警鐘を鳴らそうとした。その一つが"妄自菲薄"という虚無主義であり、もう一つが"妄自尊大"という閉鎖的な硬直化である。

　"妄自菲薄"に陥っている者は、一般的に西側先進国の現状で中国の現状を評価する。そして両者の間の発展の落差を誇張するのみならず、発展の過程で生じた中国の社会的矛盾をも誇張するが、さらに重大な点は、西洋文明を人類普遍の唯一の形式と見なし、もしそのモデルを取り入れなければ落差を縮めることはできず、さまざまな問題や矛盾も解決

できず、結果として中国の発展の前途と命運は悲観的である、と考えているところにある。彼らの誤りは、彼らが今日の中国の歴史的基礎、すなわち1840年から1940年代に至る歴史が中国人民にとって抗戦の歴史であったことを軽視しているところにある。人口が多く基礎が弱いという基本的な国情を深く認識しようとせず、それにも増して、ここ30数年来中国の改革開放が獲得した発展の成果と進歩を認めたがらない。つまるところ、"妄自菲薄"とは歴史的虚無主義の表現の一つなのである。

"妄自菲薄"という不健全な考えを克服するには、中国独自の社会主義という道筋・理論・制度に対し揺るぎない自信を持たなくてはならない。中国の歩む道は旧ソ連のスターリンのそれとも、資本主義が歩んだそれとも異なる。我々の制度は政治の大方針と長期計画の統一性・安定性・連続性および効率の良い方策の決定・執行を維持できるようにするものである。鄧小平はこう述べている。「社会主義国の最大の優越性は、ある事柄を行うことを一度決心し決議したらすぐさま実行し邪魔されないことであり、この面についていえば、我々の効率は高い。効率とは全体的な効率のことだ。我々はこの優位性を維持し、社会主義の優越性を保障しなければならない」。これは中国人が自信を抱くべきことであろう。今日、中国の過去の歩みに対する自信は「決して旗印を換えず、揺らぐことなく中国独自の社会主義の道をしっかり歩む」点に示されている。

"妄自菲薄"の真逆が"妄自尊大"で、自分が満足し自分が楽しければ、という思考や行動になって表れる。こういった傾向の誕生は、改革開放30数年来の成果に対し人々がゆえなく楽観した結果である。「現在、我が国の経済規模は世界第2位に躍進し、国力は増し、人民も豊かになり、国際的地位は向上した。もう刻苦奮闘する必要はないし、これ以上平和的発展の道を歩まなくてもよいではないか」と考える人たちがいる。こういった輩は中国の基本的国情における以下の「三つの不変」を

"既不妄自菲薄，也不妄自尊大"　　**193**

無視している。すなわち、

1. 我々は今なお社会主義初級段階にいる。
2. 当面の主要な矛盾は、依然として日増しに増大する人民の物質文化的ニーズと立ち遅れている社会生産力の間の矛盾である。
3. 我々は依然として世界最大の発展途上国である。

彼らは問題と矛盾を覆い隠し、進取の気持ちを持たず、小康に甘んじ、改革を深める活力を喪失している。また、手柄を立てることに心を奪われ、奢侈に耽る。あるいはまた、身のほどをわきまえず、自分が一番偉いと自惚れる。これらいずれもが、ほかの文明の成果を学び参考にすることを拒み、閉鎖的な硬直化を生んでしまうのである。

"妄自尊大"という不健全な考えを克服するには自覚を高める必要がある。自覚とはすなわち危機意識であり、治に居て乱を忘れず、である。中国独自の社会主義の道は新しい歴史的スタートラインに立ったところであり、中国独自の社会主義理論はいまだ発展途上にあり、その基本的制度はなお整えていかなければならない。鄧小平はかつて我々の制度の優越性を語ると同時に高度集中制の弊害をも指摘した。すなわち「官僚主義、権力の過度の集中、家父長制、幹部指導者終身制、さまざまな特権などの現象」をもたらし、「社会主義の優越性を発揮する重大な妨げとなる」ことである。これこそが典型的な自覚である。自覚がない自信は根拠のない自信につながり、「無知なるがゆえに恐れない」ようになる。今日、中国のこれまでの歩みに対する自覚は「決して閉鎖的で硬直化するという過去の轍を踏まず、揺らぐことなく中国独自の社会主義の道をしっかり歩む」点に示されている。

"妄自菲薄"と"妄自尊大"は両極端のように見えるが、歴史と現実を顧みず、問題を一方的・個別的・局部的に見るという誤った考え方であるがゆえにどちらも有害なのである。今日の中国人にとって必要なのは自信と自覚である。中国独自の社会主義に対する自信は断じて揺るがない！中国の発展途上における問題と矛盾をはっきり認識し、回避した

り隠蔽しない！みんなが心を一つにして、ゆとりある社会を作り、中華民族の偉大な復興を実現するという決心を固める！

注1：227年、孔明が劉備の死後即位した劉禅に、出陣に際し奉った文。
注2：新から後漢初期の群雄の一人。一時期、蜀に政権を樹立。

"既不妄自菲薄，也不妄自尊大"

中華民族は偉大な革新的精神を持つ民族であり、偉大な想像力で世にその名を馳せている。"苟日新，日日新，又日新"（まことに日に新たに、日々に新たに、また日に新たなり）（出典は本文参照）は中華民族の革新的精神に対するまたとない描写である。

──2013 年 12 月 31 日、全国政治協商会議新年茶話会におけるスピーチ

"苟日新，日日新，又日新"
——中華民族の核心的精神の描写

　習近平は、2013 年末の全国政治協商会議新年茶話会のスピーチにおいて、『大学』にある "苟日新，日日新，又日新" を引用した。この言葉の原文は "湯之≪盤名≫曰：'苟日新，日日新，又日新'。≪康誥≫曰：'作新民'。≪詩≫曰：'周雖舊邦，其命惟新。' 是故君子無所不用其極。"注1 で、その意味は「もし、一日を新たにすることができたなら、日々を新たにするようにし、新たになったらさらに新たにしなければならない」、「『康誥』は言っている。古きを捨て新しきを図り、悪を除き善に従うよう人々に働きかけよう」、「『詩経』は言っている。周王朝は昔からある国だが、その使命は革新にある」ということである。それゆえ君子はすべからく究極の完璧を求めるのであり、"創新" という言葉はここから生まれたといわれる。

　『大学』はもともと『礼記』注2 の中の一篇である。宋代の程顥、程頤兄弟注3 が『礼記』より抽出して章句を編み、朱熹注4 が『中庸』、『論語』、『孟子』とともに注釈を施して四書と称し、儒家の経典となった。

　"苟日新，日日新，又日新" は殷王朝を創始した湯王が水盤に刻んだ箴言であり、本来、毎日体を拭うときには垢を落として身を一新することから、思想を清め、品徳を養い、心を新たにすることを指すようになり、動的な視点から絶えざる革新を強調するようになった。"日新" はたやすいとはいえ、"日日新" はなかなかできることではなく、"又日新" はなおのこと難しい。中国は古い歴史を有する国であるが、"周雖舊邦，其命惟新" である。中国の伝統文化は革新を強調し、因循守旧を排し、社会に対しては絶えざる変革と向上を求め、為政者に対しては絶えず道徳的修養を高め思想を革新するよう求める。こういった伝統があったからこそ、古来、中華民族は多くの創造・革新・発明を行い、人類文明に不滅の貢献をしたのである。

また、まさにその意味において習近平は、"苟日新，日日新，又日新"が中華民族の革新的精神に対する絶好の描写である、と述べたのである。彼は 2013 年 5 月 4 日の講話の中でもこの語句を引用し、多くの青年たちに対し革新の前列を歩むよう励ました。「革新は民族が進歩する上での魂であり、国家が勃興し発展する上での尽きざる源泉である。また、'苟日新，日日新，又日新' というように、中華民族の最も根源的な天賦の才なのである」

　試練とチャンスが併存する現代において、革新の重要性はいうまでもない。それは、社会の進歩を推進する強力なパワーであり、21 世紀の中国が急速に発展する上で疑いもなく重要な役割を演ずる。習近平は"苟日新，日日新，又日新"という言葉を引用することで中華民族が古来革新的精神を擁し、偉大な想像力を有する民族であることを指摘するだけでなく、現代中国が時代における発展の重要性に対応するために引き続き革新していく必要があることを強調したのである。

　"苟日新，日日新，又日新"を実行に移すには、内的な弛まざる自己鍛錬が必要であり、外在的な絶えず学習する能力も必要である。しかしながら、中華民族には従来からこういった品格や能力が十分備わっている。変幻自在で競争の厳しいさまざまな局面に立たされたとき、中華民族の革新的精神を維持していさえすれば、各種の試練に立ち向かう確固たる力を持ち、世界という舞台で必ずや再び異彩を放つことができる。

注 1 :《康誥》は『尚書』（四書五経の中の『書経』）の中の篇名。
注 2 : 四書五経の一つ。礼について述べた書物で、前漢の戴聖が整理しまとめたものといわれる。
注 3 : 程顥（明道）、程頤（伊川）はともに宋代の思想家。中国近代哲学史に大きな影響を与えた。
注 4 : 南宋の思想家。朱子学を大成させた。程顥、程頤と主に程朱の学とも総称される。

かくも大きな国、かくも多くの民、かくも複雑な国情。指導者たる者、国情を深く理解し、人民の思いに心を致し、薄氷を踏む慎重さと深淵に臨む緊張感を自覚し、"治大国如烹小鮮"（大国を治めるとは小魚を料理するようなもの）（出典は本文参照）の態度を持ち、いささかも怠らず、手抜きをせず、昼夜公務に励み、任務に精励しなければならない。

──2013年3月19日、BRICS加盟国メディアの共同取材を受けたときの講話

"治大国如烹小鮮"

——国情を理解し、科学的に政治を行う

"治大国如烹小鮮"の出典は、老子の『道徳経』第60章"治大国，如烹小鮮。以道蒞天下，其鬼不神。非其鬼不神，其神不傷人；非其神不傷人，聖人亦不傷人。夫両不相傷，故徳交帰焉。"である。その意味は、「大国を治めるとは小魚に火を加えるようなもので、やたらにひっくり返してはいけない。'道'によって天下を治めれば、鬼も神通力がなくなる。鬼が無力になるというより、その働きが人に及ばないのである。それどころか、聖人の道も人を傷つけなくなる。鬼神と道を説く聖人がともに人を傷つけなければ、人民は徳の恩沢を享けることができる」ということである。

"治大国如烹小鮮"はきわめて人口に膾炙し、中国の政治家に多大な影響を与えた名言で、後世の多くの学者・政治家が自分なりの理解で異なる解釈を加えている。しかし、"小鮮"を小魚と解釈するにせよご馳走と解釈するにせよ、そのポイントは国を治めることを料理に擬えることである。"烹小鮮"するにはむやみにひっくり返してはいけない。調味料は程よく加え、火加減も適度に調節しなければならない。さもなければ、煮崩れしたり焼け焦げたり、しょっぱすぎたり味が薄すぎたりする。国を治めるのも同様で、やたらに朝令暮改したり、功を焦りすぎたり、お茶を濁して責任逃れをしたりしてはいけない。

"治大国如烹小鮮"という言葉は、国家統治において矜持すべき理念と精神を言い得て妙である。BRICS加盟国メディアの共同取材を受けたとき、習近平がこの表現を用いて自分の政治理念を披歴したことは実に意味深長である。"烹小鮮"の前提は"小鮮"の特徴を正確に理解することであり、しかる後その特徴に応じて調味料を加え、火加減を整える。同様に"治大国"もまず国情を理解し民意を推し測ってこそ、民を本とし、規律を尊重し、政に精励し、科学的に政治を行うことがで

きる。"烹小鮮"は日常の瑣事だが、なお細心の注意を払わなければうまくいかない。"治大国"は国家の前途、民族の運命に関わる大事であり、強い歴史的使命感と責任感がなおのこと必要である。

　"治大国如烹小鮮"は老子の"無為而治"（無為にして治める）という哲学思想を十分に体現している。"無為而治"は決して消極的に放ったらかして何もしないのではなく、事物の客観的規律に順応するという前提の下でなすべきことを行うのである。治政についていえば、為政者が行ういかなる決定にも、すべて歴史の発展規律を尊重し、社会の自ずからなる秩序を尊重し、民意を尊重すべきである。目まぐるしく指示を出し、朝令暮改を繰り返し、功を焦るといった思いつき政治は行き当たりばったりで民を苦しめる政治であり、庶民に平和な暮らしを享受させることができないばかりか、富国強兵など夢のまた夢になってしまう。習近平が「指導者たる者は国情を深く理解し、人民の思いに心を致さなければならない」と述べた所以でもある。なぜなら、このことは"治大国"の前提だからである。

　大まかな統計によると、『老子』は目下、世界で『聖書』の次に多く翻訳され広まっている古典的名著である。西洋では老子の"我無為而民自化，我好静而民自正，我無事而民自富，我無欲而民自樸"（私は何もしないが、民衆は自分で変わっていく。私は静かにしているが、民衆は自分で正しくあろうとする。私が何かを行うわけではないが、民衆は自分で豊かになる。私は何も望まないが、民衆は自分で質朴になる）[注]という考えは人類の自由主義思想の究極の先駆的思想として広く認められている。多くの外国の指導者が老子の名言を好んでいる。例えば、レーガンは1982年の一般教書の中で"治大国如烹小鮮"を引用し、メドベージェフは2010年のある国際会議で老子の"知行不殆"（知りて行えば危うからず）を引用した。したがって、習近平がBRICS加盟国メディアの共同取材を受けたときに、"治大国如烹小鮮"という言葉で示した政治理念は世界に理解されうる理念なのである。

習近平は"治大国如烹小鮮"という言葉でその政治理念を示し、彼の政治思想に対する伝統的中華文化の影響を体現したが、実際はこのほかにも彼には「民を本とする」、「政治が良ければ人々は和らぐ」、「人材を重んじる」、「節約型社会を建設する」など多くの政治理念があり、そのいずれにも、彼に対する伝統的中華文化の精髄の深い影響を見いだすことができる。習近平がさまざまな場で伝統的中華文化の典籍に見られる名言を大量に引用するのは、国内外に伝統的中華文化の精髄の卓越した魅力を披露し、伝統的中華文化に対する人々の興味と関心を引き起こすためでもある。

注：老子『道徳経』第 57 章。

"兄弟同心，其利断金"（二人が力を合わせれば、その鋭利な刃は金属をも断ち切る）（出典は本文参照）。両岸の同胞が互いに支え合い、党派・階層・宗教・地域を越えて誰もが民族の復興というプロセスに参加し、それによって我々に共通する中国の夢を1日も早く実現しよう。

――2014年2月8日、台湾各界訪問団を引見したときの講話

"兄弟同心，其利断金"
——両岸の同胞が手を携え、ともに中国の夢を実現する

　大陸側の要請に応じ、中国国民党栄誉主席、両岸和平発展基金会董事長連戦氏は、2014年2月17日から20日にかけ、台湾各界訪問団を率いて北京を訪問し交流を行った。習近平は、連戦との会談で『中華民族の偉大な復興という中国の夢をともに実現しよう』と題するスピーチを行い、その最後に"兄弟同心，其利断金"を引用し、両岸がともに未来に寄せるバラ色の夢を伝えようとしたのである。

　"兄弟同心，其利断金"の出典は『周易』繋辞上である。『周易』は『易経』ともいい、『易』とも略称する。"易"には変易・簡易・不易の三義があり、事物の変化、多様性の統一、永遠不変という道理を示しており、周代の作といわれるため『周易』と称される。内容は『易経』と『易伝』に分かれる。『周易』は普遍的に存在する相互関係から生じうるさまざまな変化を高度に抽象化された六十四卦という形式で表し、それぞれに現れた意味について大要を説明する言葉を添える。"兄弟同心，其利断金"の原文は"二人同心，其利断金；同心之言，其臭如蘭"で、「二人が力を合わせれば、その鋭利な刃は金属をも断ち切る。心を一つにした言葉は蘭の花のように芳しい」という意味である。この言葉は、一致団結すれば大きな力を発揮できることの喩えとしてしばしば用いられる。

　習近平のこのスピーチには四つのポイントがある。第一に、両岸の同胞は一つの家族であり、何人たりともその血のつながりを引き裂くことはできない。第二に、両岸の同胞は運命共同体であり、切っても切れない心で結ばれている。第三に、両岸の同胞は一致協力し、引き続き両岸関係の平和的発展を推進しなければならない。第四に、両岸の同胞は手を携え、中華民族の偉大な復興という中国の夢をともに実現しなければならない。

両岸の同胞は骨肉の兄弟であり、同じ血が流れ同じ精神を有し、共通の歴史と文化を持っている。両岸の同胞は海峡を挟んではいるものの、その運命は硬く結ばれている。民族の勃興は共通の幸せであり、民俗の衰退は共通の厄災である。両岸が歩み寄り、同胞が団欒をともにすることは両岸同胞の共通の願いであり、いかなる勢力もこれを引き裂くことはできない。「歴史が台湾同胞に残した傷を我々が自分のこととして引き受けてその心の傷を癒そうというなら、肉親の情は欠かせない。肉親の情は傷を癒し心を和らげるのみならず、心を融和させる。それこそが兄弟愛の最も珍重されるところである」と習近平は特に指摘している。

　2008年、両岸関係に新しい転機が訪れた。"三通"[注] などの重要な進展があったのち、両岸の同胞はともに両岸関係の平和的発展という道を選択し、これまでにない新しい局面を切り開き、その恩恵に浴してきた。「中華民族の偉大な復興を実現し、国家の富強、民族の振興、人民の幸福を実現する」、これは孫中山先生の宿願であり、近代以降のすべての中国人の宿願でもある。我々が提唱する中国の夢とは中華民族の宿願の生き生きとした表現なのである。中国の夢は両岸の中国人の共通の夢であり、みんなが一緒になって見るべき夢である。

　両岸が"兄弟同心"しなければ"其利断金"はできない。両岸がともに民族の復興というプロセスに参加するよう努力してこそ、共通する中国の夢を1日も早く実現し、両岸関係の最もバラ色の未来を築くことができるのである。

注：中国と台湾の「通航」、「通商」、「通信」を指す。

"兄弟同心，其利断金"　**205**

"積土為山，積水為海"（土を盛って山にし、水を蓄えて海にする）（出典は本文参照）。中国とアフリカの協力を怠ることなく進めさえすれば、必ずより大きな成果を獲得することができる。

──2013年3月19日、BRICS加盟国メディアの共同取材を受けたときの講話

"積土為山，積水為海"
——中国とアフリカが協力して夢をかなえる

2013 年 3 月 19 日、習近平は BRICS 加盟国メディアの共同取材を受けたとき、"積土為山，積水為海"という言葉を引用し、「中国とアフリカが広範な協力を怠ることなく進めさえすれば、年月を経て塵も積もれば山となり、大きな成果を手に入れることができる」と強調した。

"積土為山，積水為海"とは、『荀子』の「勧学」、「儒効」2 篇どちらにも見られる言葉である。戦国末期の有名な唯物主義思想家として、荀子の思想は経験と人事に重点を置き、社会秩序の確立を重視し、天命・鬼神などの神秘主義思想に反対し、事物の自然的規律を強調して人間の主観的能動性を重視した。

「勧学」では"積土成山，風雨興焉。積水成淵，蛟龍生焉"（土を盛って山を造れば風雨が生じ、水を蓄えて海を造れば蛟竜が生じる）と述べている。その意味は「土を盛れば山を造り、水を蓄えれば海を造ることができる」ということで、年月を経れば塵も積もって山となり、量から質へと変わることができることに喩える。

『荀子』第 8 篇「儒効」は儒者の役割を論じている。そこでは"故積土而為善，積水而為海，旦暮積謂之歳，至高謂之天，至下謂之地，宇中六指謂之極，塗之人百姓，積善而全尽，謂之聖人"（それゆえ、土を積むことを山といい、水を蓄えることを海といい、朝夕を積み重ねることを歳といい、極まりなく高いことを天といい、極まりなく低いことを地といい、宇宙の間、天地四方を極といい、一般人が善を全うする、これを聖人という）と述べている。いかなる人も積善を渇望し、絶えず努力すれば、理想的な聖人になれる。このことから、荀子は「学問をするにしても、人としての修養を積むにしても、些細なことから始めてたゆまず努力し続けてこそ、有終の美を飾り、理想の境地に到達できる」と考えている。

いかなる事物の発展にも量から質への転換がある。"積土為山，積水

為海”は事物の発展に対する荀子の透徹した認識であり、老子の“九層之台，起於累土”（九層の建築物も土を盛るところから始まる）[注] と同様、古代の思想家の素朴な弁証法的思想を体現している。このような考えは我々の今日の生活に対しても変わることなく指針となりうるものである。すなわち、方向を明確にし、たゆまず努力する限り、いかなる事柄も塵も積もれば山となり、量が質に変化する日が必ずやってくる。小は個人の知識の習得や品性の涵養から、大は国の政治、さらには国際関係に至るまで、その道理に変わりはない。

　中国とアフリカはともに発展途上国であり、共通した歴史的境遇、共通した発展任務、共通した戦略的利益は双方を運命共同体にしている。中国とアフリカの全面的かつバランスのとれた発展の推進は、双方の人民に幸せをもたらすもので、中国独自の平和外交政策の重要な組成部分である。習近平が国家主席就任後最初に訪れたのがタンザニアを含めたアフリカ諸国であることは、中国の新指導者たちがアフリカ大陸および中国とアフリカの関係を重視していることの表れである。

　相互に尊重し合い、平等につき合い、互いを支持し、互恵関係を築くことは中国とアフリカの関係の特徴である。かつてアフリカ同胞は我々を国連に「担ぎ込んで」くれた。一方、中国は自分自身の発展に注力するとともに、常にアフリカの平和と発展にあらん限りの援助をしてきた。中国の経済発展の成功と長期にわたる対アフリカ援助・経済協力は、中国の発展が自分自身の幸せのためだけでなく、アフリカおよび世界にも貢献することを長きにわたり証明してきた。

　“積土為山，積水為海”、荀子という先哲の知恵を教えとして、中国とアフリカが手を携えて前進しともに発展すれば、必ずや「中国の夢」と「アフリカの夢」を双方が一緒になって実現させる願いを達成できるだろう。

注：老子『道德經』第六十四章。

メキシコの著名な作家パス[注]はかつて 2000 年余り前の中国の哲学者荘子の思想をスペイン語に翻訳したが、荘子は "水之積也不厚，則其負大舟也無力"（水が少なければ大きな船を浮かべることはできない）と言っている。我々は中墨両国人民の友情を豊かな大海原にし、中墨友好協力の巨船を常に波濤を乗り越え前進させなければならない。

——2013 年 6 月 5 日、メキシコ上院での演説

"水之積也不厚，則其負大舟也無力"
——友好の海に中墨協力の舟を浮かべる

　2013年6月5日、習近平はメキシコ訪問の最中、上院で演説し、荘子の"水之積也不厚，則其負大舟也無力"を引用して、中墨両国人民の友好の海に中墨友好協力の巨船を浮かべるというバラ色の夢を表明した。

　"水之積也不厚，則其負大舟也無力"とは荘子の『逍遥游』の言葉で、原文は"且夫水之積也不厚，則其負大舟也無力。覆杯水於坳堂之上，則芥為之舟；置杯焉則膠，水浅而舟大也"である。その意味は「水が少なければ大きな船を浮かべることはできない。1杯の水を中央広間の窪にあければ、小さな塵は浮かぶことができるが、盃を置いたら膠着してしまう。水が浅いのに船が大きいからだ」。荘子は水と船の比喩を用いて万物は皆寄る辺があることを説明した。大きな船の航行には水が必要であり、大鵬が9万里を飛ぶには風がなくてはならない。いかなるものも頼るべきものがあり、主観的客観的条件の制約を受ける。

　荘子は名を周と言い、戦国時代中期の著名な思想家・哲学者・文学者であり、道家の代表的人物として、老子とは「老荘」と並び称せられ、老荘の哲学思想体系は思想界において「老荘哲学」と尊ばれている。『逍遥游』は荘子の哲学を集中的に体現した名著の一つで、寓言や巧みな比喩の中にその哲理を蔵し、何物にも頼らないというその主張を明らかにし、精神世界の絶対的自由を追求した。全篇を通じてファンタジックかつロマン的な色彩に溢れており、諸子百家中の名著でもある。

　荘子が追い求めた"逍遥游"は、すべてを脱して何物にも頼らないという絶対的自由の境地であるが、荘子『逍遥游』の言語世界から"水之積也不厚，則其負大舟也無力"を理解すると、我々はなおその中に素朴な弁証法思想を見いだすことができる。習近平が荘子のこの言葉を引用したのは、その弁証法思想に基づいたものであるが、同時に『荘子』がメキシコの著名な作家パスによってスペイン語に翻訳されていることか

ら、メキシコ人民にも比較的よく知られている。習近平は中墨協力を巨船に喩えたが、中墨人民の友好はこの巨船を浮かべる大海原なのである。

中国とメキシコはともに長い歴史を持つ文明国であり、両国の友好交流は一朝一夕ではない。『梁書』の記載によれば、5世紀にはもう中国の仏教徒がメキシコなどラテンアメリカ諸国に到達している。19世紀末、中墨両国は正式に外交関係を樹立、1899年には通商と海上通航について友好協定を交わしている。メキシコはラテンアメリカ諸国の中で中華人民共和国と最も早く国交を樹立した国であり、1972年の国交樹立以来、国際関係において変わることなく良好な協力関係を維持し、首脳の相互訪問も活発で、協力交流分野はますます拡大している。メキシコはラテンアメリカにおける中国の第二の貿易パートナーでもあり、ラテンアメリカ諸国において中国との文化交流が最も盛んな国である。

習近平は演説の中で、両国の悠久の歴史と両国間の政治・経済・貿易・科学技術・文化・芸術・スポーツなどでの幅広い交流を引き合いに、中墨両国の長い歳月をかけた深い友情を説いたが、その深い友情こそが両国の友好協力の船を支える豊かな大海原なのである。新しい歴史がそのページを開くときに、中墨戦略的パートナーシップは全面的な戦略的パートナーシップへと発展するであろう。両国が互いに尊重し合い、平等に相対し、真摯に協力し、手を携えて前進する限り、中墨友好協力の巨船は必ずや波濤を乗り越え、バラ色の未来へ突き進むであろう。

注：オクトビオ・パス。1914～1998年。詩人、散文家。ノーベル文学賞受賞。代表作『弓と竪琴』、『孤独の迷宮』など。

"水之積也不厚，則其負大舟也無力"

"合抱之木，生於毫末；九層之台，起於累土"（一抱えもあるような大木でも、小さな苗から育つ。九層の建築物も土を積むことから始まる）（出典は本文参照）。中国と ASEAN の友好を末永く維持するには、双方の関係の社会的土壌をしっかり突き固めなければならない。

——2013 年 10 月 3 日、インドネシア国会での演説

"合抱之木，生於毫末"
——中国と ASEAN の友好の社会的土壌をしっかり突き固める

2013 年 10 月 2 日から 8 日にかけて、習近平はインドネシアとマレーシアを相次いで訪問し、APEC 第 21 回非公式首脳会議に出席した。その間に習近平はインドネシア国会で「共に手を携え、中国 -ASEAN 運命共同体を構築しよう」と題する演説を行い、"合抱之木，生於毫末；九層之台，起於累土" を引用して、双方の関係に関する社会的土壌をしっかり突き固めて中国と ASEAN の友好協力を発展させる決心と将来への見通しを表明した。

"合抱之木，生於毫末；九層之台，起於累土" とは老子『道徳経』第六十四章の言葉で、原文は以下の通り。"合抱之木，生於毫末；九層之台，起於累土；千里之行，始於足下。爲者敗之，執者失之。是以聖人無爲故無敗，無執故無失。民之從事，常於幾成而敗之。愼終如始，則無敗事。是以聖人欲不欲，不貴難得之貨。学不学，復衆人之所過，以輔萬物之自然而不敢爲"[注]。

老子、姓は李、名は耳、字は聃と言い、道家の創始者であるとともに、中国で最も偉大な哲学者・思想家の一人でもある。『道徳経』は『老子』、『老子五千文』とも称され、全八十一章、老子の著とされ、道家思想の重要な源となっているとともに、中国史上最初のまとまった哲学著作でもある。『道徳経』には素朴な弁証法的視点と唯物主義の観点が豊富にあり、「無為の化」を主張し、中国哲学の発展に深い影響を与えた。

"合抱之木，生於毫末；九層之台，起於累土" は「一抱えもあるような大木でも、小さな苗から育つ。九層の建築物も土を積むことから始まる」という意味だが、この文の後にはさらによく知られている "千里之行，始於足下" がある。これは老子が「大は小から生じる」という観点から事物の発展変化の規律に対して行った鋭い論述であり、万事は些細なことから始まるもので、大業を成就させようとするなら小事からは始

"合抱之木，生於毫末"　**213**

めなければならない。

　中国と ASEAN は地続きの友好的な隣国である。とりわけ、1991 年に中国がすべての ASEAN 諸国と外交関係を樹立した後、政治・経済・文化など各方面における双方の交流・協力は絶えず深まり、また広がりを見せている。習近平が演説の中で提起した「中国 -ASEAN 運命共同体」は、ともに発展し繁栄する一層緊密な盟友へと、双方の関係をさらにレベルアップさせた。

　国家間の友好関係は親戚友人の関係に似ており、緊密かつ頻繁な往来によって打ち解け合うが、さもなくば逆に疎遠になる。習近平は一連のデータで双方の緊密な往来を説明した。2012 年、中国と ASEAN 諸国との往来は延べ 1500 万人に達し、毎週 1000 本余りの航空便が双方の間を飛び交っている。この往来密度は双方の関係の親密さを十分に説明しているが、加えて、双方の往来は首脳レベルの外交や経済貿易のみならず、民間の観光旅行においても互いに主要な観光客送り出し国になっている。往来が増えれば相手側の社会・経済・文化・習慣に対しても自ずと知識が深まり、こうしたお互いを知るベースに立ってこそ相手の心情を理解できるようになり、それができてこそ、深い友情を結べるのである。これが習近平の言う「双方の関係の社会的土壌」である。

　中国と ASEAN の友好の樹が天に聳える大木になろうとするなら、小さな苗や土盛りから始めなければならない。中国と ASEAN の各方面での交流・協力はすべて友好の苗木であり盛り土である。正にそれを踏まえて中国は 2014 年を中国 -ASEAN 文化交流年とするよう提案したのであり、また、ASEAN にさらに多くのボランティアを派遣し、ASEAN 諸国の文化・教育・衛生・医療といった事業の発展をサポートすることを希望している。中国と ASEAN の友好の樹がいつまでも青々と生い茂ることを維持したいのなら、より一層今後の友好の苗や土盛りに目を向けなければならない。それゆえ、中国は今後数年間、ASEAN 諸国に 1 万 5000 人分の政府奨学枠を提供し、中国 -ASEAN 関係発展

のためにより多くの知的援助を提供する。青年は我々の未来であり、青年の相互交流とコミュニケーションを強化し、双方の青年の心に友好の精神を植えつけてこそ、中国と ASEAN の友好にしっかりとした社会的基盤ができ、"合抱之木"を育て、"九層之台"を築くことができるのである。

注：大意「一抱えもある大木も小さな苗から生まれ、九層の建築物も土を積むことから始まり、千里の旅も一歩から始まる。やろうと意気込めば失敗し、こだわっても失敗する。そこで聖人は、意気込まないことで失敗を避け、こだわらないことで失敗を免れる。世間の人々は何かを行うとき、もう少しで成功というところで油断して失敗する。最初に取り組んだときのように慎重に事を運べば失敗することはない。そこで聖人は欲望を持たず、得難い品を貴重だと考えず、学ばざるを学び、人々の過ぎたるところを復する。そして、万物のあるがままを助け、余計なことをしようとしない」

"海納百川，有容乃大（海は百川を受け入れること
ができ、それだけの**包容力**があるからこそ偉大なの
である）（出典は本文参照）。長い歴史の中で中国と
ASEAN 諸国の人民は豊富多彩で世界に名高い輝かし
い文明を築いた。この地域は多様性に満ちており、さ
まざまな文明が互いに影響し合いながら融合深化し、
中国と **ASEAN** 諸国の人民が互いに学び合い、参考
にし合い、促進し合うために重要な文化的な礎を提供
した。

——2013 年 10 月 3 日、インドネシア国会での演説

"海納百川，有容乃大"
—— さまざまな文明が互いに影響し合いながら融合しともに前進する

　"海納百川，有容乃大"の出典は、民族英雄林則徐の自らを鼓舞する対句"海納百川，有容乃大；壁立千仞，無欲則剛"（大意は本文で後述）である。林則徐は両広総督[注1]のとき、自らこの対句を作り、政治堂に掲げた。習近平はこれを引用して、中国とASEAN諸国の人民が互いに学び合い、参考にし合い、促進し合う信念を表明した。

　林則徐（1785〜1850）は福建省侯官（現在の福州市）の人で、字は元撫、また、少穆・石麟とも言い、晩年には竢村老人と号した。清朝の著名な政治家・思想家・詩人で、湖広総督・陝甘総督・雲貴総督[注2]を歴任、欽差大臣[注3]を2回拝命している。アヘンを厳禁し西側列強の侵略に抵抗したことで、中国では民族英雄の誉れが高い。

　"海納百川"については、『荘子』秋水篇に"天下之水莫大於海，万川帰之"（海より大きい水はない。すべての川はここに帰る）とあり、後漢の許慎の『説文解字』には"海，天池也，此納百川者"（海とは造物者が造った大きな池であり、百川を受け入れる）とある。晋の袁宏の『三国名臣序賛』には"形器不存，方寸海納"とあり、李周翰の注には"方寸之心，如海之納百川也，其言包含広也"（心は海が百川を受け入れるようであり、その広いことを述べている）とある。

　"有容乃大"は『尚書』君陳の"爾無忿疾於頑。無求備於一夫。必有忍，其乃有済。有容，徳乃大"（頑迷固陋の者にカリカリしてはならない。一人にすべてを求めるではない。我慢すればうまく行くし、清濁併せ呑めば度量が大きくなる）による。

　"海納百川，有容乃大"とは「海は百川を受け入れることができる。それだけの包容力があるから偉大なのであり、人も同様で、心を広く持ってこそ偉大になれる」と言っているのである。"壁立千仞，無欲則剛"は「切り立った崖が千丈もまっすぐ直立できるのは、別の方向へ傾

斜したいという欲を持たないからだ。ゆえに、人たる者は私欲を捨てて
こそ堅忍不抜になれる」と言う意味である。

　"海納百川，有容乃大"。人であろうと国であろうと国際関係であろう
と皆そうあるべきだし、国際関係ならなおさらである。1955 年、周恩
来は AA 諸国が開催したバンドン会議において、"求同存異"（小異を残
して大同につく）という外交方針を披歴した。"求同" とは共通の思想、
共通の要求、共通の利益を探し求めることであり、互いを調和させる
ベースである。"存異" とは、異なる観点、異なる主張、異なる利益を
留保することであり、互いを調和させる条件になる。習近平がインドネ
シア国会における演説で提起した "海納百川，有容乃大" とは、まさに
"求同存異" の精神の発揚である。

　中国と ASEAN 諸国の友好関係は昨日今日の話ではない。特に 2002
年 11 月、中国と ASEAN 10 か国首脳が〈中国 -ASEAN 全面経済協力
枠組み協定〉に調印し、2010 年に中国 -ASEAN 自由貿易地域の形成
を決め、同自由貿易地域建設が正式にスタートしたことは両者の関係を
新しいレベルに押し上げた。ここ 10 数年、政治・経済・社会文化など
多くの分野における中国と ASEAN 諸国の協力は絶えず深まり拡大し
ており、双方の共通の発展を促進している。

　習近平は演説の中で「我々はほかの地域の発展の経験を参考にすべき
であり、地域外の国々が当地域の発展と安定のために建設的な役割を発
揮することを歓迎する。同時に、それらの国々も当地域の多様性を尊重
し、当地域の発展と安定にプラスとなることを行うべきである」と指摘
した。このくだりは、中国と ASEAN の関係を引き裂こうとする域外
の国々の行為に対し若干の警告を与えている。中国はこれまで一貫して
平和的発展の原則を標榜しているが、中国の国力が増大し続けているた
め、一部の国は中国に対し疑惑の眼差しを向け、さらには敵対的態度を
取り、中国の発展をある種の脅威と見なし、それによって中国と周辺諸
国との関係を引き裂こうとしている。したがって、習近平が "海納百川，

有容乃大”という語句を引用したのは中国脅威論に対する反論でもある。

　中国は周辺諸国とともに発展し繁栄することを一貫して主張しており、それを実現しようとするなら“有容乃大”でなければならない。多様性に富む地域におけるそれぞれの文明の違いのみならず、発展途上国の発展・進歩も“容”れなければならない。中国 -ASEAN 共同体、ASEAN 共同体、東アジア共同体は互いに密接に関わり合い、それぞれの長所を発揮して多元的な共生と相互の発展を許容すべきであり、それでこそ、力を合わせて当地域の人民および世界の人民に幸福をもたらすことができるのである。

注１：清朝の官職。広東省・広西省（ほぼ現在の広西チワン族自治区）の総督。
注２：それぞれ湖広省（現在の湖北省・湖南省）、陝西省と甘粛省、雲南省と貴州省の総督をいう。
注３：特命大臣の官職。

"浩渺行無極，揚帆但信風"（渺茫たる大海原は果てしなく広がり、帆を上げるは、ひたすら順風に任せる）（出典は本文参照）。アジア太平洋地域は我々がともに発展する空間であり、我々はみな、アジア太平洋という大海を進む帆船なのである。

——2013 年 10 月 7 日、APEC 商工サミットでの演説

"浩渺行無極，揚帆但信風"

——アジア太平洋のパートナーには共通の発展スペースが

　2013年のAPEC商工サミットのテーマは「活力と成長へ向かって」であり、世界経済の復活を実現する過程において、世界の商工業の重要性に着目しつつ、包容性がある持続可能な発展に尽力するよう、APECの各経済体に呼びかけた。習近平がサミットで〈改革開放を深化させ、ともにバラ色のアジア太平洋を創ろう〉と題した基調講演を行い、"浩渺行無極，揚帆但信風"という詩句を引用してアジア太平洋地域の未来への思いを示した表現は適切であり、かつまた意味深長でもある。

　"浩渺行無極，揚帆但信風"は唐末、湖北荊門の詩僧であった尚顔[注1]による以下の送別の詩『送朴山人帰新羅』による。

　　浩渺行無極，揚帆但信風。
　　雲山過海半，郷樹入舟中。
　　波定遥天出，沙平遠岸窮。
　　離心寄何処，目断曙霞東。[注2]

　この詩は第一句に、果てしない大海原へ向け出帆する友人が一路無事でありますように、と祈る思いが込められている。第二句、第三句はまもなく味わうであろう海の上での風景を友人のために巧みに描きだし、最後の一句は、この友人に対する作者の別離を惜しむ深い友情が託されている。

　中国古代には多くの送別の詩があるが、習近平はこの詩を引用して、中国とAPEC各加盟国との関係がとりわけ緊密であることを示した。この詩には友人同士の深い心の絆が含まれているのみならず、さらに、中国と隣国との古くからの友好関係も示されているからである。

　インド洋のバリ島から東北方面を眺めると、そこには渺茫とした太平洋が広がっている。習近平がバリ島で引用したこの詩は、その様子をそのまま描写しているかのようである。果てしない大海原を航行するに

は、視界を広く持ち、方向をはっきりさせ、航路標識を見定め、さらに順風を借りて帆を上げてこそスムーズかつ速やかに目的地に到達できる。APEC 各国が発展していく道もまた、視野を広くし、互いに協力・協調して発展するという共通の目標を持ち、同じ船に乗りともに助け合い帆を上げて彼方を目指すべきである。

　バリ島は中国の内外経済文化交流史の証人である。明代の航海家鄭和は西へ向かう際、バリ島にさまざまな精巧な手工芸技術をもたらし、島の経済的繁栄を促した。600 年前の鄭和の航海は内外経済交流の発展を牽引しただけでなく、「ともに太平を謳歌しよう」というその対外政策に沿って中国と AA 諸国との友好関係を発展させた。バリ島で習近平が“浩渺行無極，揚帆但信風”という言葉を使い、アジア太平洋の今後の発展について大いに語ったその意義は尋常ではない。

　果てしなく広がる世界経済の中、アジア太平洋の仲間たちは順風に帆を上げ、ともに手を携えて前進し、世界をリードして各所に恩恵をもたらし、子孫を幸福へ導くバラ色のアジア太平洋地域を築かなければならない。これは習近平が打ち出した麗しき願いであり、また、APEC 各国の実現可能な素晴らしい明日でもある。

注１：９世紀末の僧。生没年不詳。詩集５巻があり、『全唐詩』にも収録がある。
注２：“曙霞東”とは、朝日の上るところ、すなわち、東のほう、新羅を指す。

222　　習近平の思想と知恵

"物必先腐，而後虫生"（物が腐ってから虫が生じる）（出典は本文参照）。近年、一部の国々では長年蓄積された矛盾が民衆の怨嗟を呼び、社会が混乱し、政権が崩壊したが、その主要な要因は汚職にある。腐敗が蔓延すればするほどそれが党や国家の崩壊につながることは、多くの事実が物語っており、我々も大いに気をつけなければならない。

――2012 年 11 月 17 日、18 期中央政治局第 1 回集団学習での演説

"物必先腐，而後虫生"
——腐敗が生じる土壌をなくす

　"物必先腐，而後虫生"は『荀子』勧学篇"肉腐出虫，魚枯生蠹"から出ている。「肉が腐れば蛆虫が生じ、魚が腐っても虫が生じる」という意味である。宋代に蘇軾[注1]が著した『范増論』では"物必先腐也，而後虫生之"という。「すべての物は常にまずそのものが腐ってから虫が寄生する」という意味である。習近平は"物必先腐，而後虫生"を引用し、「腐敗は党と国家の災厄の主要な原因であり、指導的幹部が身を潔白に保ち、清廉に努めてこそ、党と国家のとこしえの発展の基礎となる」と警告をした。

　勧学篇は『荀子』の第一篇である。"勧学"すなわち学習を奨励しており、かなり系統的に学習の理論と方法を論述している。荀子によると、「学習は知識才覚を向上させ、品徳を育み、災いを遠ざけることができる」、「正しい学習態度とは、常に倦まず弛まず一心に打ち込むことである」、「儒家の経典を学ぶと同時に、賢者に教えを請い、人を教化することにも長じていなければならない」、「学習するには、完全かつ純粋な境地に到達するために終始一貫努力し、中途半端にならぬようくれぐれも気をつけなければならない」。

　"物必先腐，而後虫生"とは事物の発展に対する先賢の透徹した見解であり、唯物的弁証法の原理に合致する。すなわち、事物が発展する過程では、その外的要因が変化の条件であり、内的要因は変化の根拠である。外的要因は内的要因によってその働きを発揮する。ひびのないタマゴにハエが取りつくことはないように[注2]、災いの発生はまず自分自身の変化が引き金になる。権力にしがみつき、金銭に目が眩み、酒色におぼれ、勝手気儘に威張り散らし、欲の皮を突っ張らせれば、権力を私物化することに繋がり、自分を制御することができなくなり、法にも違反し、終には身の破滅となる。

昨今、社会・経済が急速に発展するにつれ、価値観が歪んでしまう者がいて、多くの幹部がさまざまな利益の誘惑に抗しきれず享楽に耽り、知らず知らずに腐敗の底なし沼にはまり込んでしまっている。ゆえに、確固たる信念を持ち、地に足の着いた行動を採ることが、指導的幹部が腐敗を根絶し清廉に努める上での要諦になる。

　一方では、学習に真剣に取り組み、正しい世界観・人生観・価値観を確立し、人民に奉仕するという趣旨を脳裏に刻み込み、「権力は人民のために用い、利益は人民のために謀り、心は人民に寄せる」ようしっかりやり遂げなければならない。そうしてこそ、巷に溢れる物欲、賑やかな盛り場を前にしても顔色一つ変えず泰然自若とし、革命的精神を矜持し、その真面目を保つことができるのである。さもなくば、進取の精神を忘れ学習を疎かにすることで政治意識が希薄になり、価値観は歪み心はねじ曲がり、しまいには腐敗堕落して歴史に汚名を残す。

　もう一方で、党と人民が幹部に賦与した権力は人民の福利を図るツールであり手段である。公権力は必ず公のために用いるべきで、決して個人の利益のために用いてはならない。権力はもろ刃の剣であり、徹頭徹尾人民のために尽くし、一線を踏み越えてはならない。薄氷を踏む注意深さで正々堂々清廉に徹すれば人民の支持が得られるはずである。逆に、私欲にまみれ、権力を笠に着て欲しいままに搾取し、不法に財を貪れば、必ずや自滅し、底なし沼に沈んでいくであろう。

　"物必先腐，而後虫生"、個人であろうと政党であろうとその道理に変わりはない。腐敗が生じる党内の土壌を一掃して党の体質の健全性を維持しなければ、外部からの浸食を防ぐことはできない。したがって、党員幹部たる者、一層修養に励み、自らを清廉に保ち、政権党および人民政府たるもの、体制を整え、法治を強化し、抜け穴をふさぎ、腐敗を生じさせないようにしなければならない。そうすれば「物は腐ることなく、虫もまた発生しにくい」。

注1：1036～1101年。北宋の政治家・文学者・書家。唐宋八大家の一人。父の蘇洵、弟の蘇轍とともに「三蘇」と称される。

注2：原文は"蒼蠅不叮無縫的蛋"。「殻にひびがあって匂わなければ蠅はやってこない。まず先に内的要因がある」と言う意味。

大衆路線を堅持するには、誠心誠意人民のために奉仕するという根本的趣旨を堅持しなければならない。"政之所興在順民心，政之所廃在逆民心"（政治が盛んになるのは民心に寄り添うからで、政治が荒廃するのは民心に逆らうからだ）（出典は本文参照）。誠心誠意人民のために奉仕するのは我が党のすべての行動の根本的な出発点・立脚点であり、我が党がほかのいかなる政党とも異なる根本的な特徴でもある。

──2013年12月26日、毛沢東同志生誕120周年記念座談会でのスピーチ

"政之所興在順民心，政之所廃在逆民心"

—— 人民のために奉仕するのは党の根本的な趣旨である

　"政之所興在順民心，政之所廃在逆民心" は『管子』牧民から出た言葉で、原文は "政之所興，在順民心；政之所廃，在逆民心。民悪憂労，我佚楽之；民悪貧賤，我富貴之；民悪危墜，我存安之；民悪滅絶，我生育之。能佚楽之，則民為之憂労；能富貴之，則民為之貧賤；能存安之，則民為之危墜；能生育之，則民為之滅絶" [注]

　習近平が "政之所興在順民心，政之所廃在逆民心" という言葉を引用したのは、人心の向背が、ある政党・政権の運命を決定づける根本的な要素であることを説くためであり、党は誠心誠意人民のために奉仕することをすべての行動の根本的な出発点・立脚点として堅持し、人民大衆が満足したかを仕事の良し悪しを判断する基準にしなければならないことを強調するためである。

　管子、名は夷吾、またの名は敬仲、字は仲、は春秋時代の斉の著名な政治家、軍略家であり、法家に属する。管子は姓の桓公を補佐して内政外交を改革し、富国強兵のための一連の方策を定め、桓公に "仲父（ちゅうほ）" と尊称された。『管子』は管仲の著とされているが、内容は諸子百家の時代の雑多な内容が含まれていて、一人の人間による著作ではなく、百科全書のような大著である。「牧民」は『管子』の第一篇で、管子の政治思想と政治理論を集中的に反映している。

　管子は中国史上最も早く "以人為本"（民本）思想を提起した政治家であり、統治者は民心に寄り添い、民力を推し測り、民生に利することが必要であると主張した。なぜならば、"政之所興在順民心，政之所廃在逆民心"、すなわち、政令が行き渡るかどうかは民意に沿うかどうかにかかっているからである。統治者が民意に背けば人民の支持は得られない。そして、民心に沿うにはまず、民情を知り、民衆の苦しみに心を配ることが必要になる。

228　習近平の思想と知恵

「牧民」の中で、庶民の“悪”（憎む）と“欲”（欲する）に対する管子の心理的な分析は非常に妥当であり、かつ透徹している。彼は民衆の“悪憂労”、“悪貧賎”、“悪危墜”、“悪滅絶”、すなわち庶民が苦しい労働や貧困・危難・絶滅を憎むのを目の当たりにした。それならば、統治者は国を治めるための方策を定めるとき、庶民のこのような心理に沿い、安楽・富貴と生存への保証を与えるべきである。その利益が保障されれば、庶民は国と苦楽をともにし、国のために水火も辞さない。

中国共産党が代表するのは広範な人民の根本的利益であり、その根本的趣旨は誠心誠意人民のために奉仕することである。「誠心誠意人民のために奉仕する」とは人民が気に懸けている事柄、切迫している事柄を察知し、人民大衆が最も関心を持ち、最も直接的なおかつ現実的な利益に関わる問題を極力解決し、その生活レベルを高め、人々が安心して、のびのびと、思い通りに幸せな生活を過ごせるようにすることである。民心に適えば事業が起こり、民衆が相和せば、国内も相和すようになり、平安な暮らしは国の平安につながる。1921年に成立した後、中国共産党がわずか28年で急速に力をつけ、政権を獲得できたのは、歴史の潮流に順応して民心を獲ち得たからである。新中国成立以来60年余り、道は平たんではなかったが、そのたびごとに困難に打ち勝ち試練に耐えてきたその拠り所はやはり人民の力であり、中国共産党の90年余りの歴史は“政之所興在順民心”というこの不変的道理を改めて証明した。党と政府は従来から民生問題を重要な地位に位置づけており、18全大会の報告でも「人民の物質文化面の生活レベルを引き上げることは改革開放と社会主義現代化建設における根本的な目的である」と指摘している。同大会閉幕後、習近平は新常務委員とともに記者会見に臨み、「新しい指導グループの重大な責任とは人民に対する責任である」ことを明確に示した。彼は人民の期待を深く受け止めているが、その期待とは、より良い教育、安定した就職、満足できる収入、頼れる社会保障、より高レベルの医療衛生サービス、より快適な居住条件、より美し

い自然環境である。これに対し、習近平は「バラ色の生活に対する人民の憧れこそが我々の奮闘目標である」と厳かに公約した。

「全面的に小康社会を建設し、中華民族の偉大な復興を実現する」その根本は、人々により良い生活をしてもらうよう努力することである。それゆえ、民意を知り、民心に順い、民心を集約し、庶民に幸せな暮らしを保証することは、我々のすべての活動の根本的目的であるとともに、党と政府の各レベルの行政部門が民衆のためになる仕事をしているかどうかをチェックする試金石でもある。

"政之所興在順民心，政之所廃在逆民心"、民生の保障と改善をすべての活動の出発点・立脚点にし、人民大衆の利益を根本的な利益と見なし、改革開放の成果を広範な人民大衆に還元してこそ、人民大衆の真の擁護を手に入れることができるのである。

注：大意「政治が盛んになるのは民心に寄り添うからで、政治が荒廃するのは民心
　　に逆らうからだ。民衆が苦しい労働や貧困・危難・絶滅に憎悪を抱くとき、これ
　　を助けてやれば、今度は民衆が、苦しい労働や貧困・危難・絶滅も厭わず国のた
　　めに尽くしてくれる」

"見善如不及，見不善如探湯"（善を目にしたら、求めて足らざるを補い、不善を目にしたら、熱湯に手を入れる如く素早く避ける）（出典は本文参照）。指導的幹部は畏怖の念を持つべきで、僥倖を願ってはならない。

──2014 年 1 月 14 日、第 18 期中央規律検査委員会第 3 回総会での講話

"見善如不及，見不善如探湯"

——指導的幹部は畏怖の念を持つべきである

　"見善如不及，見不善如探湯"は『論語』季氏に見られる。原文は"見善如不及，見不善如探湯；吾見其人矣，吾聞其語矣。隠居以求其志，行義以達其道；吾聞其語矣，未見其人也"で、その意味は「良いものを見たら、頑張ってそれを追い求め、悪いものを見たら、熱湯に手を入れる如く素早く避ける。そういう人のことを見たことがあるし、聞いたこともある。隠居という方法で自分の志を全うし、義を行って自分の主張を貫徹することについては、そういう人のことを聞いたことはあるが、見たことはない」。

　『論語』は儒家の経典であり、春秋末期の孔子とその弟子の言行録である。「季氏」はその第16章で、主に孔子とその弟子たちの政治活動、人と交わる上での原則、ならびに個人の道徳的修養に関わる有名な三戒・三畏・九思^{注1}などの学説を記録している。

　孔子が原文で言及したのは、人生に対する二つの態度である。前者は清廉を保ち、吾が身を全うすることであり、後者は孟子が言う"窮則独善其身，達則兼善天下"（困窮しているときは自身の修養に励み、それなりの成功を収めたら天下のことを考える）^{注2}であり、孔子によれば、後者のほうが到達し難い境地である。孔子から見れば"見善如不及，見不善如探湯"と"見賢思斉焉，見不賢而内自省也"（賢者に会ったら積極的に学び、その逆の者に出会ったら、自分はどうかと反省する）^{注3}はどちらも修身の内容であるが、それをさらに展開させた「良くない方向は避ける」という境地はより重要であり、特に"不善"に対する畏怖と自律は一層程度が高い。それゆえ、習近平が第18期中央規律検査委員会第3回総会で"見善如不及，見不善如探湯"を引用し、腐敗を厳しく取り締まるという心理的警告を発した意味は深く、非常に現実的な頂門の一針である。

"見善如不及，見不善如探湯"の意味するところは、まず、是非・善悪・真偽に対してきわめて敏感であるとともに深い洞察力を具えなければならないという点であり、このような敏感さと洞察力は"吾日三省吾身"（私は1日に3回自身を反省する）[注4]という道徳的修養論から発している。なぜなら、日々反省することによってこそ自分自身と"善"や"賢"との距離を見極め、それらを自分の学習の手本とすることができるからであり、また、何が"不善"であるかをきちんと認識し、それに対し常々警戒を怠らず、一線を越えないことが可能になるのである。

　習近平は"見善如不及，見不善如探湯"という言葉で、畏怖の念を持つよう指導的幹部を戒めた。もし、"見善如不及"を内的修養だとするなら、"見不善如探湯"はその前提となる自律である。その理由は、"見善如不及"という自発的な要求がなければ、"不善"に対して十分な警戒心が生まれるはずがないからである。指導的幹部は大部分がさまざまな権力を握っており、権力・地位・金銭さらには色欲など各種の誘惑に遭遇するであろう。指導的幹部は、"不善"に対して畏怖の念を抱き、権力とは人民に賦与されたものだという意識をしっかり持ち、私利私欲を満足させるのではなく庶民のためにそれを使ってこそ、権力や金銭や女色の誘惑に屈しないのである。

　畏怖の念は人に自律を促す。指導的幹部は、権力の怖さや制度の怖さを知ってこそ、日頃から自律心を持ち、進んで監督を受け、権力を正しく行使し、違法行為をせず、不正な蓄財をせず、悪習に染まることがない。党中央は"刮骨療毒"（骨を削って毒を治療する）[注5]、"壮士断腕"（勇士はその腕を切り落とす）[注6]という果敢さと決心で腐敗一掃に取り組んでおり、トラもハエも一緒に叩くという大鉄槌によって、「権力・制度の怖さを忘れ、党紀や国法を無視した者は必ず腐敗の底なし沼に落ち込む」という警告を示した。

　一人ひとりの幹部がみな"見善如不及，見不善如探湯"を実行し、あわよくば、という気持ちを畏怖の念に換え、腐敗を各自の目の前に置か

れた熱湯として捉え、心の中に常に警戒心を抱くことができるようになること、それは一朝一夕では達成できないが、絶えずそれに向かって努力すべき目標なのである。絶えず努力し、腐敗を断じて容認せず、「早めに些細なうちに手を打ち、病気はすぐ治療し、問題は発見したらすぐさま処理し、放ったらかしにして禍根を残さない」ようにしさえすれば、"吾見其人矣，吾聞其語矣"という日が必ずやってくるだろう。

注1：『論語』季氏。
　　九思－視思明，听思聡，色思温，貌思恭，言思忠，事思敬，疑思問，忿思難，見得思義。
　　三戒－少之時，血氣未定，戒之在色。及其壮也，血氣方剛，戒之在斗。及其老也，血気既衰，戒之在得。
　　三畏－畏天命，畏大人，畏聖人之言。
注2：出典は『孟子』尽心上。
注3：出典は『論語』里仁。
注4：出典は『論語』学而。
注5：出典は『三国志・蜀書』関羽伝。詳細は次節参照。
注6：出典は『三国志・魏書』陳泰伝。同上。

全党の同志は、反腐敗闘争が長期にわたる複雑かつ困難な闘争であることを深く認識し、"猛薬去病、重点治乱"（強い薬で病気を治す、厳しい法律で混乱に対処する）という決心と、"刮骨療毒、壮士断腕"（骨を削って毒を治療する、勇士はその腕を切り落とす）という勇気で党の政治浄化と反腐敗闘争を断固としてやり遂げなければならない。

──2014年1月14日、第18期中央規律検査委員会第3回総会での講話

"刮骨療毒、壮士断腕"
—— 反腐敗闘争をやり遂げる

　2014年1月14日、習近平は第18期中央規律検査委員会第3回総会で重要講話を発表し、"猛薬去疴、重点治乱"、"刮骨療毒、壮士断腕"という言葉で党の政治浄化と反腐敗闘争を堅持する勇気・決心・自信を示した。

　"刮骨療毒"の出典は晋の陳寿の『三国志・蜀書』関羽伝である。"羽嘗為流矢所中，貫其左臂，后創雖癒，毎至陰雨，骨常疼痛，医曰：'矢鏃有毒，毒入於骨，当破臂作創，刮骨去毒，然后此患乃除耳。'羽便伸臂令医劈之。時羽適請諸将飲食相対，臂血流離，盈於盤器，而羽割炙引酒，言笑自若"^{注1}。その後"刮骨療毒"は、苦痛を恐れない強固な意志を形容する常套句としてしばしば用いられるようになった。

　"壮士断腕"の出典は『三国志・魏書』陳泰伝である。"古人有言，蝮蛇螫手，壮士解其腕"。マムシは猛毒を持っている。もし腕を咬まれたら、毒が全身にまわらないように即座に腕を切り落とさなければならない。このことから、大事なときは機を逃さず事を処理しなければならないことにしばしば喩える。

　"刮骨療毒"にしろ"壮士断腕"にしろ、いずれも自分の体が毒に侵されようとしたとき、果敢に治療に挑み、局部を犠牲にして全体を守ることで自身に刃を当てる気概を示す。"刮骨療毒"はなお医者の手術用メスの手を借りるが、"壮士断腕"は自分でその腕を切り落とすので、一層の勇気と胆力を必要とする。

　習近平が上述の会議における講話でこの二つの言葉を引用したのには、三つの側面がある。

　第一に、「違法な蓄財と汚職腐敗は党に危害を加える毒である」ということだ。もしもそのままのさばらせておけば、効果的な反腐敗システムは構築できず、腐敗の毒は骨に達し、党のイメージ、さらには党の命

運にまで及ぶ。

　第二に、「腐敗の毒は党の骨の中にも腕の中にも存在する。腐敗現象の存在を正視しなければいけない」。問題を解決しようとするなら、問題の存在を正視しなければならない。習近平は「腐敗が生じる土壌は依然存在し、反腐敗の情勢は厳しく複雑である。一部の悪い風潮や腐敗の影響は深刻で、早く解決しなければならない」と述べた。党や国の身体の健康に害をなす腐敗や悪性腫瘍の治療を避けてはいけない。

　第三に、腐敗の毒を除去するには、関羽や勇士のように、"刮骨療毒"、"壮士断腕"という勇気と決心が必要である。メスを手に持ち、思い切って大小の悪性腫瘍を除去し、体の健康と組織の純潔を維持し、人民のために誠実清廉であるという共産党員の政治的遺伝子を守らなければならない。

　18全大会以来、8項目の規定[注2]を実践し、大衆路線教育実践活動を展開して"四風"[注3]を指弾してきたことが早めに芽を摘む措置であるなら、トラやハエも一緒に叩くというのは、紛れもなく"刮骨療毒"、"壮士断腕"であり、そこには党・軍を厳しく律し、腐敗に容赦しないという党中央の断固たる決意を読み取ることができる。8全大会以来失脚した省部級[注4]以上の高官は40人近くに上り、国有企業の高級幹部も50人を超えている。2014年5月までですでに県処級[注4]以上の国家公務員1577人が処分された。彼らは骨にまで浸み込んだ毒素、毒に侵された腕であり、これを法の下に処断することは、中国共産党が"刮骨療毒"、"壮士断腕"の勇気を持っているだけでなく、毒を除去し自らを浄化し、身体の健康と組織の純潔を維持する能力を持っていることを示している。それでこそ中国共産党はさらに活気に溢れ、生気を発散し、国家と社会は公平と正義、調和した発展を実現できるのである。

注1：関羽が矢に当たり、矢は左肘に突き刺さった。その後、傷は癒えたが、雨の

日にはいつもズキズキ痛む。医者は「鏃に毒が塗ってあり、骨にまで浸み込んでいます。肘を切り開いて骨を削り毒を取り去れば治ります」と言う。すると関羽は肘を差し出して切り開かせた。そのとき、たまたま関羽は諸将を招いて飲食をともにしていたが、肘からは淋漓と血が流れ、盆に溢れるほどであったにもかかわらず、焼き肉を割き、酒を飲み、平然と談笑していた。

注2：2012年12月に開催された中共中央政治局会議で習近平が提起した。現場主義、会議・文書・出張・警備などの簡素化、報道・出版などの是正、勤勉節約などが謳われている。

注3：形式主義・官僚主義・享楽主義および贅沢な風潮を指す。

注4：公務員の職階の一つ。国家級・省部級・庁局級・県処級・郷科級の5段階があり、それぞれに正と副がある。

中央の8項目の規定については、誰もが希望を抱くとともに不安も抱いている。まずはこの一歩に引き続きしっかり力を入れ、"徙木立信"（柱を移すことで信頼を立証する）（出典は本文を参照）という役割を果たさなければならない。これを手を緩めずしっかり成し遂げてこそ、その他の事柄も実行できるのである。

──2014年3月5日、全国両会（全人代と政治協商会議）上海代表
　　団の討議における講話

"徙木立信"

——整風は実質を伴い、人民に信頼されなければならない

2014年の全人代・政治協商会議開会中に、習近平は上海代表団の討議に参加し、その席で花蓓代表が、中央の8項目規定の精神を真摯に貫徹して整風を着実に強化することについての提案をしたとき、習近平はこれに応じたスピーチの中で"徙木立信"の故事を引用した。

"徙木立信"の出典は前漢の司馬遷の『史記』商君列伝である。"孝公既用衛鞅，鞅欲変法，恐天下議己……令既具，未布，恐民之不信，已乃立三丈之木於国都市南門，募民能徙置北門者予十金。民怪之，莫敢徙。復曰：'能徙者予五十金'。有一人徙之，輒予五十金，以明不欺。卒下令"。（訳は後述）

"徙木立信"は商鞅の変法にまつわるエピソードである。商鞅は戦国時代の著名な政治家・改革者であり、衛国の君主の末裔、姫姓公孫氏である。それゆえ、衛鞅・公孫鞅とも呼ばれる。後に河西の戦いで手柄を立て、商の地15邑に封ぜられたので、商君また商鞅ともいう。商鞅は変法によって秦を強国に変貌させた。歴史上、これを「商鞅の変法」という。秦の孝公は即位後、改革によって国力を強化する方針を決め、賢者を招くよう命令し、これに応じて商鞅は魏から秦へ行き、重用された。商鞅は法律を変えようとしたが、人々の非難を恐れ、整えた法律を発布する前に、民衆の信頼を得るため、都の市場の南門に三丈の木柱を立て、これを北門に移した者には十金を与えると布告した。しかし、誰も怪しんで挑戦する者がいない。そこで「五十金を与える」と布告すると、これをやり遂げる者が現れた。彼は即座に五十金を与え、自分は決して人を騙さず、信用できることを証明した。このことから、"徙木立信"は、政策を打ち出すなら、言ったことは実行して民衆に信頼されなければならないということを示す。

同じ改革者であった北宋の王安石は、商鞅の変法を讃える詩を書いた。

"自古駆民在信誠，一言為重百金軽。今人未可非商鞅，商鞅能令政必行"[注]。この詩が引用しているのは"徙木立信"のエピソードである。商鞅に対する王安石の称賛には、自分の志が報いられないことへの悔しさが籠められていることは否めない。彼もまた北宋で変法に取り組み、新政を推進したが、商鞅のように「必ず実行する」ことはできなかったからである。

　いかなる法制度も効果的に実施されなければ最後は絵空事になる。往時、商鞅は必ず実行するために二つの措置を講じた。第一に"徙木立信"、すなわち民衆の信頼を得ることであり、第二に新法に反対する者はたとえ権力者であっても容赦しなかった。法律を公布したら即実行するという決心と、それがスムーズに行われるよう保証できる手段があってこそ、「必ず実行する」ことを請け合えるのである。

　中共中央の8項目の規定は2012年12月4日の政治局会議で承認されたもので、18全大会が閉幕して間もないこの時期に中央がこの規定を制定したその目的は、庶民が最も関心を持っている党の整風問題に応えるためである。これによって、指導的幹部にその任務に対する態度を改善すること、何よりもまず中央政治局に自ら実行するよう求めることを通して、人民大衆が党に対して抱くイメージを修復することを目指している。8項目の規定は新中央指導層が自分たちに課している政治上の覚悟を反映しており、厳しく党を律するという、中国共産党が全国人民に対して掲げた公約でもある。

　この規定は実施されて以降着実な成果を挙げており、これを讃える声が満ち溢れている。しかし、この規定が長続きするかどうか、疑いの目を向ける人たちもいる。それというのも、これまで指導的幹部の業務・生活に対する党の権限には限界があり、多くのブラックリストが作られても、実際にはこけおどしにすぎず、上に政策あれば下に対策ありで効果が上がらなかった。一定期間実行されても、往々にして竜頭蛇尾、いつしかうやむやになり、棚上げされてしまうのである。そんな状況が増

えれば規定自体の権威が失われるばかりか、大衆の信頼も失うことになる。これすなわち、花蓓代表が、8項目の規定実施以来の成果を根本的・制度的に持続して強化・推進することを提案した背景でもある。

習近平がこの提案に対し、「中央の8項目の規定に"徙木立信"の役割を果たさせるべきだ」と応じたのは、変法への下準備をした商鞅同様、この厳かな公約を必ず実行に移し、人々にその決心を伝え、信頼を得るようにしよう、ということなのである。

人は言ったことを必ず実行するよう求められ、国家は政策を必ず実行するよう求められる。そのキーポイントは実行すること、執行することである。我々にはさまざまな法律があるが、なぜ、一部の人間は法律を「案山子」にし、歯牙にもかけないのだろうか。その理由は法律がきちんと執行されず、立法は重んじても執行を軽んじているからである。「8項目の規定に"徙木立信"の役割を果たさせるべきだ」という習近平の言い回しの中から、我々は往年の商鞅の変法の「布告すれば必ず実行する」というやり方同様、反腐敗における中央の勇気・気魄を見て取ることができる。

注：大意「昔から人民を動かす要諦は信義にある。言辞は大事であり、金銭は軽い。現代人は商鞅を非難すべきではない。彼は決めたことは必ず実行できた」

歴史を学ぶことによって“看成敗、'鑑得失、知興替'”（成功失敗、利害得失、栄枯盛衰を知ること）（出典は本文参照）が可能になる。詩を学ぶことによって心が躍り、志が高まり、人の素晴らしさがわかる。倫理を学ぶことにより、恥を知り、栄辱を弁え、是非を判断できるようになる。

──2013 年 3 月 1 日、中央党校建学 80 周年祝賀大会兼 2013 年春学期始業式における講話

"鑑得失、知興替"
——歴史に学び、歴史を鑑とする

　"鑑得失、知興替"の出典は『新唐書』魏徴伝である。"以銅為鑑，可正衣冠；以古為鑑，可知興替；以人為鑑，可明得失"。"鑑"は鏡であり、この意味は「人は銅を鏡にして衣冠を整えることができ、歴史を鏡にして栄枯盛衰を知ることができ、人を鏡として得失を知ることができる」ということで、習近平は"鑑得失、知興替"という言葉を借りて指導的幹部に歴史・文化を学んで人類の文明の精華を吸収するよう勧めた。

　『新唐書』は北宋の時代に欧陽修、宋祁、范鎮、呂夏卿[注1]などによって編まれた唐朝の歴史を記載した紀伝体断代史であり、二十四史の1冊に数えられる。「列伝」とは臣下の事績で、後世に伝えるべき内容を記したものである。魏徴は唐の有名な政治家で、剛直で知られ、卓抜した見識を有し、面を犯して諫言したことで知られている。李氏による唐王朝の封建統治を守りかつ強固にするため、併せて200回余りも直諫し、太宗に歴史の教訓を鑑とし、治に居て乱を忘れず、政治に精励、賢者を任用し諫めに耳を貸すよう戒めた。上記の言葉は、魏徴の死に際し太宗がその痛惜の念を述べた言葉である。

　歴史とは事跡を記録したもので、ある民族、ある国の発展・盛衰・興亡の真実を記録したものであり、代々の人によって蓄積されたさまざまな知識・経験・智慧の総和である。したがって、歴史は前車の轍であり、良い成果はこれを学び、その逆はこれを戒めにすべきである。ロシアの哲学者アレクサンドル・ゲルツェン[注2]は「過去を十分に理解すれば、現状をはっきり把握でき、未来の意義を明らかにできる。振り返ることこそが前へ進むことだ」と述べた。アメリカの有名な未来学者アルビン・トフラー[注3]はかつて「もし歴史に学ばなければ、我々は歴史を再演することを余儀なくさせられるだろう」と述べた。これらの名言はいずれも異なる観点から歴史を学ぶ重要性を強調している。歴史に学ば

ない者は栄えることはできない。

　唐の太宗が貞観の治を現出できた重要な原因は"鑑得失、知興替"の重要性がわかっていたからであり、歴史上の経験を総括し吸収すること、他人の正しい意見に耳を傾けることに長けていたからである。

　習近平は、折に触れて読書を健全な日常生活の一環とすることを強調している。国家の最高指導者として、彼は日々あらゆる任務を果たす中で常に時間を作って読書に励み、それを生活習慣とし、実際に各レベルの指導的幹部の模範になっている。中央政治局集団学習制度は学習を重視し、学習に励み、学習に長じるという中国共産党の優れた伝統の継承・発揚でもある。

　習近平の講話は「我々がなぜ歴史・文化を学ばなければならないか」に対する回答であり、歴史・詩歌・倫理などの伝統的文化・知識の社会的機能と価値判断を学ぶことについて行った精緻な論述にほかならない。歴史を学ぶことは歴史と現実に対する人間の認識と批判能力を涵養することであり、詩歌を学ぶことは、麗しい事物や情感に対する感受性と鑑賞能力を高めることであり、倫理を学ぶことは人々に、人と人、人と社会の間で遵守すべき道徳的マナーと準則を悟らせる。

　指導的幹部たる者が昨今のグローバル化の下で理解すべきことは、単に自国の歴史・文化だけではない。なぜなら、国際化というマクロ環境は、「我が指導的幹部は世界的視野を持ち、すべての人類文明の優れた成果吸収できる人間にならなければならない」ということを決定づけているからである。異なる国の歴史・文化は、人に異文化を理解し受け入れ、尊重する広い度量を持たせるとともに、我々が自分たちの文化・伝統を認識する上でのまったく新しい視座をも提供している。

　もし、ある指導的幹部が民族の伝統文化の継承と発展、中国本土の文化の革新と発展に対し自立した考えを持ち、なおかつ世界の異なる文化と平等に対話する勇気と心構えを持つなら、彼は世界的な視野、世界は一つという心情を持つことができ、激しい国際競争の中でも不敗の座を

"鑑得失、知興替"　　**245**

守ることができる。

注1：いずれも北宋を代表する政治家・歴史学者・文学者。
注2：1812〜1870年。帝政ロシア時代の哲学者。農奴解放に大きな影響を与えた。
注3：1928〜2016年。アメリカの未来学者。『第三の波』で世界に衝撃を与えた。

学習を強化してこそ、任務に対する科学性・予見性・主体性を強化でき、指導者およびその方針決定に時代性を体現させ、規律性を把握させ、創造性に富ませ、知識不足による混迷、無知による蒙昧、混乱という苦境に陥らないようにさせることができ、技量の不足、パニック、時代遅れという問題を克服できる。さもなければ、"盲人騎瞎馬，夜半臨深池"（やみくもにわけがわからないまま事を進める）（出典は本文参照）となり、その勇気は多とするが軽率であり、認めるわけにはいかない。新局面を打開するどころか、方向を見失い、時代に取り残される危険性さえある。

――2013 年 3 月 1 日、中央党校建学 80 周年祝賀大会兼 2013 年春学期始業式における講話

"盲人騎瞎馬，夜半臨深池"
――任務に対する科学性・予見性・主体性を強化する

　"盲人騎瞎馬，夜半臨深池"の出典は、南北朝時代南朝宋、劉義慶の
『世説新語』排調篇である。原文は「桓南郡与殷荊州語次，因共作了語。
顧愷之曰：'火焼平原無遺燎。'桓曰：'白布纏棺豎旒旐。'殷曰：'投魚
深淵放飛鳥。'次復作危語。桓曰：'矛頭淅米剣頭炊。'殷曰：'百歳老翁
攀枯枝。'顧曰：'井上轆轤臥嬰児。'殷有一参軍在坐，云：'盲人騎瞎馬，
夜半臨深池。'殷曰 '咄咄逼人！'仲堪眇目故也」[注1]。

　"排調"とは諧謔という意味である。同篇には多くの諧謔が絡むエピ
ソードが記載されている。その中には嘲笑・愚弄・風刺・反撃・勧告、
さらには友人間の冷やかしなども含まれており、当時の人々の交際上手、
その頭の回転の速さとユーモアが表現されている。玄妙かつ意味深長な
表現は魏晋時期の重要な特徴である。

　数人の文人が、どんな状況が最も危険であるかを論じ合い、そのうち
の一人が"盲人騎瞎馬，夜半臨深池"を例に挙げた。目が見えない人が
目の見えない馬に乗る、夜中に道を歩いているその先には深い池がある。
すなわち、きわめて危険な状況にありながら、なお自分がそれに気づか
ない状況を形容している。

　習近平は"盲人騎瞎馬，夜半臨深池"という表現を引用して、指導的
幹部に対し、一層学習に励み、くれぐれもやみくもに暴走して、危い状
況も察知できないことにならぬよう強調した。

　中央党校建学80周年祝賀大会兼2013年春学期始業式における講話
で習近平がこの言葉を引用したことは的を射ている。指導的幹部が学習
しない危険は"盲人騎瞎馬"のようなもので、無自覚なまま政策を決め
れば、往々にして「"少知"の故に迷い、"不知"の故に見えず、"無知"
の故に右往左往する」という苦境に陥るであろう。

　中国共産党は結党以来、それぞれの重要な時期に、その歴史的役割の

変化に合わせて全党で学習を強化した。民主革命期、党を構成した主な人々は農民であり、マルクスが言う開明的な産業労働者ではなかったが、党員の学習を絶えず強化することによって、党はプロレタリア政党としての先進性を維持し、民主革命の主導権を握った。第二次国内革命戦争期[注2]、「山間にマルクス主義が何の関係があるのか」という教条主義者の指弾に対抗するため、毛沢東はあらゆる手を尽くしてマルクス、レーニンの書籍を集め、これを読破した。1932年、赤軍が漳州に達したとき、毛沢東はエンゲルスの『反デューリング論』[注3]を手に入れ、これを宝物の如く手元に置き、病気で臥せているときでさえ読み耽った。こうした学習を通して中国共産党は戦闘能力を向上させ、民主革命のリーダーになったのである。

　新中国成立前夜、毛沢東は全党に対し改めて学習を呼びかけた。「経済建設という厳しい任務に直面しているが、我々の既存知識の一部はもはや時代遅れになりつつある。我々は理解が不十分なことを今まさにやらねばならない」からである。「知らないことは学ばねばならない」、「謙虚に学び、真摯に学ぼう」、まさにこうした学習を通して中国共産党は、経済を発展させ、国家建設を指導する能力を手にしたのである。

　現在、我が中国はすでに新しい発展段階に突入しており、改革・発展・安定という任務は困難かつ重大で、新しい状況・問題・矛盾が絶えず現れている。同時に、我々の時代はいわゆる「情報爆発」の時代であり、ビッグデータの時代とも言われ、知識の更新、さらに革新の速度は大幅にアップしている。学習を強化しなければ時代に取り残され、一歩も先に進めなくなり、頭の中で考えるだけで軽率に事を行えば、"夜半臨深池"は免れ難い。歴史を学ばなければ歴史の歩みがわからず、事業の偉大さもわからないし、科学を学ばなければ、天地の壮大さと気象の森羅万象がわからず、古今の先賢に学ばなければ人格の高潔を知らず、"高山仰止，景行行止"[注4]の意味がわからない。学習を強化してこそ任務を果たす上での科学性・予見性・主体性を強化でき、指導者およびそ

の方針決定に時代性を体現させ、規律性を把握させ、創造性を富ませることができるのである。

注1：日訳：桓南郡（桓玄）は殷荊州と語り合ったついでに、一同で"了語"（言葉の遊びの一種）をやることになった。顧愷之は言った。「火は平原を焼き払い残り火もなし」。桓南郡は言った。「白布もて棺をおおい弔いの旗を立つ」。殷荊州は言った。「魚を深淵に投げ飛鳥を放つ」。次に危語（同じく言葉の遊びの一種）をやった。桓南郡は言った。「矛の先で米を研ぎ剣の先で炊ぐ」。殷荊州は言った。「百歳のじじいが枯枝によじ登る」。顧愷之は言った。「井戸の轆轤に赤子を寝かす」。そのとき殷荊州の部下の一人の参軍がその場にいて言った。「目の見えない人が目の見えない馬に乗り、夜中に深い池に臨む」。殷荊州は言った。「うんうん、こいつは人に迫るものがあるな」。仲堪（殷荊州のこと）は片目だったからである。（『中国古典文学大系』、平凡社、第9巻、1969年による）（訳者注："盲人騎瞎馬"の訳については差別表現にならないよう、若干の変更を加えた）

注2：1927年の蒋介石の反共クーデターから1937年の第二次国共合作に至る時期を指す。

注3：マルクスを批判したドイツのデューリングの理論を徹底的に批判し、科学的社会主義について説き明かした書。

注4：出典は『詩経』小雅。「徳の高い人を見ればこれを仰ぎ、立派な行為を見ればその道を歩む」

指導的幹部が学習するか否か、手腕が高いか低いか
は個人レベルの話ではなく、党と国家の事業の発展に
関わる重大事である。すなわち、古人の言う"学者非
必為仕，而仕者必為学"（学問のある者が官吏になる
とは限らないが、官吏たる者、学問をしなければなら
ない）（出典は本文参照）にほかならない。

——2013 年 3 月 1 日、中央党校建学 80 周年祝賀大会兼 2013 年春
　　学期始業式における講話

"学者非必為仕，而仕者必為学"
——幹部の学習は党と国家の事業の発展に関わる

　"学者非必為仕，而仕者必為学"の出典は『荀子』大略篇である。原文は「君子進，則能益上之誉而損下之憂。不能而居之，誣也；無益而厚受之，窃也。学者非必為仕，而仕者必如学」[注1]。習近平は講話の中で"学者非必為仕，而仕者必為学"を引用して（訳者注："仕者必如学"を"仕者必為学"と言い換えている）、指導的幹部が学習を強化する重要性を強調した。

　荀子は戦国時代末期の思想家・教育者であり、儒家を代表する重要人物の一人でもある。孔子の思想を継承・発展させ、戦国末期において儒家思想を集大成した。考証によれば、「大略篇」は荀子の弟子が師の言論を記録整理しまとめたもので、内容がさまざまで多岐にわたるため決まった名前をつけにくく、それゆえ「大略」としたようで、「大略」は『荀子』における「論語」と讃えられている。

　"学者非必為仕，而仕者必為学"とは、「学問のある者が官吏になるとは限らないが、官吏たる者、勉強しなければならない」という意味である。この言葉は中国の封建社会に深く根づいていた"学而優則仕"（学問に秀でれば仕官する）[注2]という観念を連想させる。実は、"学而優則仕"は荀子の祖師孔子の高弟である子夏の"仕而優則学，学而優則仕"という言葉によるが、後世、とりわけ科挙制度が出現した後、ほとんどの中国人がこれを功利的に解釈して"学而優則仕"だけに省略してしまい、さらには文字面から"読書做官論"（学問をするのは役人になるため）との曲解を生んだ。実はここでいう"優"とは我々が通常理解している「優秀だ、良い」という意味ではなく、「余力がある」という意味である。したがって、"仕而優則学，学而優則仕"を現代語訳すると、「仕官してなお余力があるものは学問をするとよい、学問をしてなお余力があるものは仕官するとよい」ということである。この言葉は孔子の

教育方針と教育目標の究極の総括であり、孔子の飽くなき社会参加の精神を体現している。また、ここでいう"学"とは単純な知識の習得ではなく、道徳的修養も含む。孔子にとって個人の学問的修養は仕官の基礎であり、それゆえ、仕官して政治に勤しむ者は、余力と時間があれば学問に専心し常に自身の修養に励むべきであり、個人の知識や学問、道徳的修養が十二分に備わったならば、仕官して政治に勤しむとよい。

　以上から、孔子同様、荀子が強調しているのはすべて"学"と"仕"の前提であり、基礎であることがわかる。仕官して政治に勤しむことが学ぶことの唯一の目標ではない。しかし、官吏たる者、目的を達したと思ったら学ぶことをやめてはならず、逆に引き続き学び、修養に励んでこそ「斉家治国平天下」の理想を実現できるのである。もしそれだけの学才がなく高い俸禄を貪るのであれば、それは盗人にほかならない。

　1933 年に開設された中央党校は中国共産党の中高級指導幹部とマルクス主義理論幹部を養成する最高学府であり、習近平が中央党校建学80 周年祝賀大会で"学者非必為仕，而仕者必為学"という言葉を用い指導的幹部を励ましたその意義は深い。

　知識経済の時代において科学技術の発展は日進月歩であり、知識は未曾有の速さで更新されている。専門外の者が専門家を指導できないのみならず、専門家と雖も終生学び続けなければ時代の進展についていくことはできない。今ある知識の蓄積に満足するだけでは、あっという間に時代に淘汰されてしまうだろう。

　この点において我々は「学習」の意味を知識の学習という狭義に解釈してはならず、全面的に自身の修養を高めるという広義に解釈しなければならない。個人の精神が虚ろであることは知識不足より恐ろしい。社会のさまざまな悪しき誘惑に遭遇したときに抵抗力に欠けるからである。個人の知識・修養レベルがその者の前途の命運を左右するというのならば、広範な指導的幹部の知識・修養レベルは国家・民族全体の前途の命運を左右するであろう。このことは、18 全大会の報告が「学習型・

奉仕型・革新型マルクス主義政権政党の建設」を提起したときに「学習型」をトップに据えた理由にほかならない。

注1：日訳：君子が進んで仕官すれば、上は君主の誉れを高め、下は庶民の憂いを減らすことができる。無能にして官位に就く者は人々を欺く者であり、役に立たないのに厚禄を食む者は盗人である。学問を修めるのは仕官のためとは限らないが、仕官した者は学んだように行動しなければならない。

注2：出典は『論語』子張篇。

学習に対する深い思い入れがあれば、「学ばせられる」を「学びたい」に変え、「一時の学び」を「一生の学び」に変えることができる。学習と思考、学習と実践は車の両輪であり、まさに"学而不思則罔，思而不学則殆"（学ぶだけで考えないのでは理解できない。考えるだけで学ばないのでは危うい）（出典は本文参照）である。問題意識を持ち、「それを解決したい、しっかり解決したい」と思えば、学ぼう、自ら進んで学ぼうとするはずである。

──2013 年 3 月 1 日、中央党校建学 80 周年祝賀大会兼 2013 年春学期始業式における講話

"学而不思則罔，思而不学則殆"
——学習と思考は車の両輪でなければならない

　"学而不思則罔，思而不学則殆"の出典は『論語』為政篇である。習近平は中央党校始業式における講話でこの言葉を引用し、学習と思考・実践との普遍的かつ重要な関係を明らかにした。

　孔子は春秋時代末期の思想家・教育者であり、儒家思想の創始者である。道を伝え、業を授け、惑いを解くことにその一生を捧げ、"至聖先師，万世師表"と尊称された。孔子の死後、その弟子や孫弟子たちが孔子とその弟子の言行録および思想を記録整理して、有名な儒家の経典『論語』を編んだ。『論語』は全20篇、その内容は政治・教育・文学・哲学および立身出世の道理など多方面にわたっており、問答形式で書かれていて、『大学』、『中庸』、『孟子』とともに「四書」と称される。

　"学而不思則罔，思而不学則殆"は「学ぶだけで考えることを知らないのでは理解できず収穫がない。考えるだけで学ばないのでは心の中が疑問だらけで考えがまとまらない」ことを述べている。この言葉は孔子が提唱する読書の方法だとみてよいだろう。ひたすら読書するだけで考えないのでは、書物に鼻づらを引きずり回されて自分の考えを失ってしまう。「論語読みの論語知らず」とはまさにこのことである。ひたすら考えるだけで実地の学習・研鑽をしなければ、結局は砂上の楼閣になり、何も得られない。学習と思考を結びつけなければ実際の役に立つ真の知識を学ぶことはできない。

　指導的幹部が本当に学びの成果を手に入れようとするなら、それなりの工夫をしなければならない。先人は学問に精励した数々の感動的逸話を残している。"懸梁刺股"[注1]、"鑿壁偸光"[注2]、"嚢螢映雪"[注3]などは美談として伝えられているが、このような刻苦勉励の精神は学ぶに値する。習近平がこの言葉を引用した意図は、学習と思考、すなわち勉学に励み、思考をしっかりめぐらすことは　互いに関係しあう車の両輪であり、引

き裂くことはできないことを明らかにすることにある。

　指導的幹部の学習は教条主義であってはならず、勉学に励み、思考を
しっかりめぐらすことを車の両輪としなければならない。一部の者は、
マルクス主義的問題について教条主義で臨み、マルクス主義を万病に効
く薬としてさまざまな事物に当てはめ、現実の問題にどう関連づけ、ど
う解決するかを考えない。こういった傾向をマルクスとエンゲルスはか
つて厳しく批判した。「このようなマルクス主義に関して言えば、私は
自分がマルクス主義者でないことだけはわかっている」とマルクスは言
い、エンゲルスは、「マルクスは多分、ハイネが自分を模倣する者に対
して言った『私は竜の種を撒いたが、収穫したのはノミだった』という
言葉をこう言った人たちにプレゼントしたかったのだろう」と皮肉って
いる。指導的幹部は学習の過程で学んだことを実際の任務に照らし合わ
せることが大事で、常にいくつかの問題意識を持ち、現実問題に対する
理論的思考に着目しなければならない。毛沢東の言葉を借りれば「的が
あって矢を放つ」のであって、形式主義に陥り学習は上辺だけ、常套句
を並べて長々と中身の乏しい話をしたり、書物の字句に囚われて融通を
利かせず、理論を現実的問題の解決に用いないで、ただ書物の中から言
葉を拾って改革開放の実践結果を裁定したり、あるいは、便宜主義に
陥って自分に都合のいい部分だけを選んで使うのはもってのほかである。

　指導的幹部が現実問題に対する理論的思考に着目するには、過去にし
がみつき、現状を維持し、前へ進もうとしないのではなく、改革開放と
国際情勢の進展の最前線に立ち、新しい状況を理解し、新しい問題を発
見し、新しい考えを見つけ、新しい局面を切り拓かなければならない。
問題意識を持つようになれば、自ら進んで積極的に学ぶようになり、生
涯その学習をやめることはないだろう。

注1：前漢の孫敬は眠らないように天井から下げた縄に首をかけ勉強し、戦国時代

"学而不思則罔，思而不学則殆"

の蘇秦は眠くなると腿を錐で刺して勉強した。

注2：前漢の匡衡は貧しくて灯火用の油を買えないので、壁に穴を開けて隣家の明かりを盗み勉強した。

注3：晋の車胤は貧しくて灯火用の油を買えないので、夜に読書をするとき、ホタルの光を利用し、同じく孫康は雪の光を利用した。

現在、学習意欲に欠け、遊興に浸る幹部がいる。このような"以其昏昏，使人昭昭"（自分はわかっていないのに、人にわからせようとすること）（出典は本文参照）はとんでもないことだ！　任務を誤り、大事を誤ることになる！

　　──2013 年 3 月 1 日、中央党校建学 80 周年祝賀大会兼 2013 年春
　　　学期始業式における講話

"以其昏昏，使人昭昭"
——学習を通して任務遂行能力を高める

　"以其昏昏，使人昭昭"の出典は『孟子』尽心下の"賢者以其昭昭使人昭昭，今以其昏昏使人昭昭"である。「賢人は自分がわかっていることを人にわからせようとするが、今の人間は自分がわかっていないことを人にわからせようとする」という意味で、素人が専門家にやたらに指示を出したり、自分がよくわからないことを人にわからせようとしたりすることである。

　『孟子』は孟子とその弟子の言行を記した書で、『漢書』芸文志に11篇が収録されており、7篇14巻が現存する。後になって「四書」と「十三経」^{注1}に組み入れられ、儒家の主要な経典となった。孟子は戦国時代の有名な思想家・政治家・教育者で、孔子以後の儒家の最も代表的な人物であり、孔子の「仁」の思想を継承し、「仁政」思想へと発展させたことから、「亜聖」と称され、儒家の学説を「孔孟の道」ともいうようになった。

　習近平は"以其昏昏，使人昭昭"という言葉を引用して、現在、指導的幹部の中に見られる、学習意欲に欠け遊興に浸る風潮を批判した。すなわち、進取の精神に欠け学ぼうとせず、人とのつき合いに熱を上げ学ぶことを怠り、形式に流れ真摯に学ばず、上辺をなぞるだけで深く学ぼうとせず、たとえ学んだとしても未消化で学んだことにならない、などであり、"以其昏昏，使人昭昭"であっては、必ずやその任務に重大な結果をもたらしてしまうだろう、と厳しく指摘した。

　党員幹部の中で"以其昏昏，使人昭昭"という現象は珍しくない。庶民の目に映る「学識もなく、やみくもに指示を出し、勝手な行動をするアホウ役人」や、「職場にその姿がなく、出勤したとしても仕事をしないグータラ役人」、「敷居が高く、強面で、なかなか処理しない威張った役人」などはおおよそこの部類に属する。

習近平は指導的幹部に技能パニックにならないよう繰り返し注意を喚起しているが、より危険なのは、技能パニックに陥っていることさえ気づかない幹部もいることで、まさに『呂氏春秋』が言う“不知而自以為知，百禍之宗也”（知らないのに知っていると思うことはすべての禍の本）である。なぜなら、知らないのに知っていると思うことは必然的に“以其昏昏，使人昭昭”になり、知らないのに知ったふりをすることをよしとし、時代遅れの経験・やり方で新しい問題を解決し処理する破目になり、その結果、カギを握る重要な問題において誤った判断・解釈・行動が生じ、任務を誤り大事を誤ることになる。

指導者の知識レベルはその政策決定能力と内容の質に関わる。理論的深みは指導者の戦略眼と卓見を支え、該博な知識は政策を決めるための情報を獲得することでその任務のプロセスに対する目配りの役目を果たし、成功を保障するベースとなるからである。現代は情報爆発・知識倍増の時代であり、新しい知識と新しい技術の発展は一瀉千里で、たとえ専門家と雖も、学んだことがあっという間に過去のものになる。ましてや指導的幹部は管掌し関わる任務が往々にして多岐にわたり、その上、関連産業について深く理解し、系統的に掌握し、その業務分野のエキスパートになることも求められる。さもなくば、仕事をする上でいかにして血路を開き、革新を進めるべきかがわからない。時代に合わせて学習を進めることができなければ、知識は老化し、思想は硬直化し、能力も退化することは避け難く、新しい情勢に適応し、新しい方法を手に入れ、新しい問題を解決し、新しい使命を全うすることは不可能になる。

真剣にマルクス・レーニン主義、毛沢東思想、鄧小平理論、「三つの代表」重要思想[注2]、科学的発展観[注3]を学習し、党の路線・方針・政策・決議を学習し、党の基本的知識を学習し、科学・文化・法律・業務に関する知識を学習して、人民のために奉仕する技能を高めるべく努力することを「中国共産党章程」が党員八条義務の第一条に掲げたその目的は、すべての党員幹部が“以其昏昏，使人昭昭”ではなく、自分がわかって

いることを人にわからせようとする賢者になれるようにするためである。指導的幹部がもし学習意欲を持たず、学習の意義を理解せずして、法にそぐわず、状況に沿わず、理にも合わない一連の行政施策を実行するなら、それは、党と政府のイメージ・威信を傷つけることになる。小康社会の建設を全面的に強化する大事な時期においては、学習を強化し、真実を追い求め、娯楽至上主義にブレーキをかけ、よく学び考える方向に関心を振り向けてこそ、指導的幹部の総合的資質と能力が鍛えられ、向上し、時代に即した能力が時代の進展につれて絶えず強化され、職責上の要求に対応でき、それによって国家と人民の幸福が保障されるのである。

注1：「四書」とは『論語』、『大学』、『中庸』、『孟子』を、「十三経」とは『周易
　　（易経）』、『尚書（書経）』、『毛詩（詩経）』、『周礼』、『儀礼』、『礼記』、『春秋左氏
　　伝』、『春秋公羊伝』、『春秋穀梁伝』、『論語』、『孝経』、『爾雅』、『孟子』を言う。
注2：江沢民の掲げたスローガン。
注3：胡錦濤の掲げたスローガン。

戦国時代趙括の“紙上談兵”（机上の空論）^{注1}、東晋の知識人の“虚談廃務”（空虚な談論に耽って仕事をしない）（詳しくは本文参照）という歴史上の教訓を誰もが戒めとしなければならない。読書は学習であるが、それを実用に供することも学習であり、より重要な学習である 。指導的幹部は理論を実際と結びつけるというマルクス主義の学風を発揚し、問題意識を持って学び、人民を師と仰ぎ、任務を果たす中で学び、学ぶ中で任務を果たすようにし、学んだことを役立て、役立てる中で学び、学ぶことと役立てることが互いを育み合うようにし、くれぐれも大口をたたいて“客里空”^{注2}になってはならない。

——2013 年 3 月 1 日、中央党校建学 80 周年祝賀大会兼 2013 年春
　　学期始業式における講話

"虚談廃務"

——理論を実際と結びつける学風を発揚する

『世説新語』言語篇に以下のような記載がある。東晋は限られた地域を統治しているに過ぎなかったが、士大夫たちは清談を尊んでいて、王羲之はそれが不満だった。"王右軍与謝太傅共登冶城。謝悠然遠想，有高世之志。王謂謝曰：夏禹勤王，手足胼胝；文王旰食，日不暇給。今四郊多塁，宜人人自効。而虚談廃務，浮文妨要，恐非當今所宜"注3。この後、"虚談廃務"は空理空論に走って事を誤ることの喩えに用いられるようになった。習近平は講話の中でこの言葉を引用し、指導的幹部に、理論を実際と結びつけるというマルクス主義の学風を発揚し、実践的精神を発揮するよう強調した。「政治の要諦は実践にあり」、空論に走って国事を誤ってはならない。

劉義慶は南北朝時代南朝宋の有名な文学者であり、その著『世説新語』は筆記小説で、漢魏から東晋に至る士族階級の言論・逸事を記し、当時の士大夫階級の思想・生活および清談の気儘な風潮を描き出し、その言葉は簡にして要、生き生きとした文字は歴代の文人に好まれ、重んじられてきた。言語篇の記載内容はさまざまな言語環境における名言であり、多くは一言二言の非常に簡潔なものであるが、ほぼすべてが適切かつ巧みで、深遠な哲理を蔵しつつもこれをひけらかさず、高邁な境地に達しつつもさまざまに矛先を繰り出し、奔流のごとき勢いで一言の下に喝破しており、実に味わい深い。

"虚談廃務"という言葉は、当時の清談の風潮を真っ向から痛罵している。国事を談ぜず、民生を話題とせず、もっぱら老荘・周易を論じて、その違いをあげつらい、自己の観点を披歴し、理論的根拠を探して他人を論破することを有能の証とする。その一方で、国家をしっかり統治し、兵力を強化し、民を豊かにすることなどは、もっぱら俗事に関わることとして冷ややかな目で見た。しかし、天下国家に関わることは実行こそ

264　習近平の思想と知恵

が大切である。もし、ひねもす空理空論に耽り、わけのわからぬ無駄話、例えば1日中文字の遊びに興じるならば、より重要な多くの事柄が文書の山に埋もれてしまい、もしこのような風潮が蔓延すれば、政治は必ず荒廃してしまうだろう。古今を通じ、清談に耽ったどれほど多くの政治家が大事を誤り、国事を誤り、おのれの身を誤って嘲笑を浴びたことだろう。一方、誠実に実務に取り組んだ者はいつまでも記憶され、民族の屋台骨を支えたとして称賛されている。古人が"虚談廃務，浮文妨要"と述べたことはまさに正鵠を射ているといえよう。

　成功するか否かは実行にかかっており、災いは空理空論から始まる。戦国時代趙括の"紙上談兵"、東晋の知識人の"虚談廃務"は従来から国を治める上でタブーだった。中国共産党の100年近い闘いの歴史はこの道理を別の角度から立証した。民族の独立、民主的建国、鋭意進められた改革、中国共産党がわずか数十年で西側諸国の300年にわたる道のりを走破し、天地も覆るような変化を味わいつくした中華民族を率いて苦難を脱し、輝かしい未来へと歩んだ、その拠り所となったのは空理空論の清談ではなく、現実の任務に必死に取り組むことだった。実務精神は中国共産党の優れた伝統なのである。毛沢東はかつて"牆上蘆葦，頭重脚軽根底浅；山間竹筍，嘴尖皮厚腹中空"（塀に生えるアシは頭でっかちで茎は細く根が浅い、山間のタケノコは先が鋭く皮は厚いが中身は空っぽ）注4 という一幅の対句で党内の空論に耽る者たちを描写し、学習を実践と結びつけ、同時に理論を実際と結びつけることを、ほかの政党と異なる中国共産党の三つの顕著な特徴の一つと見なした。

　習近平が指導的幹部に"紙上談兵"、"虚談廃務"という歴史上の教訓を吸収するよう求めたことは、中華民族の復興の実現に努力するという大前提の下ではなおさら意義深く心に響く。国際情勢は変幻自在であり、国内の発展は胸突き八丁に差し掛かっている。発展の正念場、矛盾の突出期には、我々指導的幹部に理論を実際と結びつけることがとりわけ求められる。チャンスはちょっと手を離せば瞬く間に消えていく。改革は

進めなければ後退する。学習したことを実際に試み、実地に取り組むことでまた学習を促すという、学習と実践が互いを育む知行合一を時代は求めている。"紙上談兵"しかできず、知行合一に欠け、"虚談廃務"にかまけて真実を追求せず、形式主義に走って地に足がついていない「口先幹部」は政治の大方針を骨抜きにし、政策を変質させ、中国の夢を破綻させるだろう。

注1：戦国時代趙の名将趙奢の子、趙括は机上の軍事理論に長けていたが、実戦能力がなかったという故事に因む。

注2：1942年に旧ソ連で出版された脚本『前線』に登場するほら吹き記者の名前。

注3：日訳：王右軍と謝太傅（王羲之と謝安）が一緒に冶城に登った。謝安は悠然として思いを巡らし、世俗を超越せんとする心境にあった。すると王羲之が謝安に言った。「夏の禹は王としての役割に勤しみ、手足にタコができた。周の文王は夜になってから食事をとるありさまで、時間が足りないほど精励した。今、四方に砦を多く構え、誰もが国のために尽くさなければならないのに、空虚な談論に耽り仕事もせず、文事に浮かれ要務を妨げるのは、おそらく時宜に反しておろう」と。

注4：明代、解縉の対句を毛沢東が「改造我們的学習」という文に引用したもの。

"博学之，審問之，慎思之，明辨之，篤行之"（幅広く学習し、詳細に尋ね、慎重に考え、はっきり見分け、誠実にこれを実行）（出典は本文参照）しなければならない。学習するには時間を上手にひねり出さなければならない。「勉強したいのはやまやまだが、仕事が忙しくてその時間がない」という話をよく耳にする。もっともらしく聞こえるが、これは決して学習を疎かにしてよい理由にはならない。党中央は職場の風紀を正すよう求めているが、もっと学習し、もっと考え、意味のない人づき合いや形式主義を減らすことも、風紀を正す重要な内容である。

──2013 年 3 月 1 日、中央党校建学 80 周年祝賀大会兼 2013 年春
　　学期始業式における講話

"博学之，審問之，慎思之，明辨之，篤行之"
——学習を重視し、学習に長ずることは、風紀を正す重要な内容である

　"博学之，審問之，慎思之，明辨之，篤行之"の出典は『礼記』中庸である。原文は"博学之，審問之，慎思之，明辨之，篤行之。有弗学，学之弗能弗措也；有弗問，問之弗知弗措也；有弗思，思之弗得弗措也；有弗辨，辨之弗明弗措也，有弗行，行之弗篤弗措也。人一能之，己百之；人十能之，己千之。果能此道矣，雖愚必明，雖柔必強"注1。習近平は講話の中で"博学之，審問之，慎思之，明辨之，篤行之"という言葉を引用し、学問を修め進歩を追求するその道理を明らかにしたのである。

　「中庸」は『礼記』の中の一篇であり、著者は孔子の末裔であり、のちに秦の学者によって改編整理された。教育理論について論じた中国古代の重要な論著であり、全篇、中庸を最高の道徳的基準、自然の法則としていて、宋代には『大学』、『論語』、『孟子』とともに「四書」と称された。「中庸」の中心的思想は儒学における中庸の道であり、その主旨は現代人が一般的に理解している中立・平凡ではなく、修養を積むところにある。「中庸の道」のテーマは、人々が自ら進んで修養に励み、己を監督し、教育し、完成させ、「至善・至仁・至誠・至道・至徳・至聖」という理想的な人物たらしめるようにし、"致中和天地位焉万物育焉"（出典「中庸」）（中和が達成されれば天地は揺るぎないものとなり、万物が育まれる）という"太平和合"の境地をともに創り上げることである。

　"博学之，審問之，慎思之，明辨之，篤行之"とは幅広く学習し、詳細に尋ね、慎重に考え、はっきり見分け、誠実に実行することをいう。これは、学ぶ上での各レベル、すなわち歩んでいくステップを述べている。"博学之"とは、まず幅広く渉猟して十分な好奇心を養うことをいう。好奇心がなくなれば、学ぶ意欲も消えてしまい、広く学ぶことはできなくなる。それゆえ、"博学"は学びの第一段階になる。第二段階は"審問"で、わからないことがあったら徹底的に質問し、学んだことは

268　習近平の思想と知恵

疑ってかかることが必要である。質問し終わったら、さらに自分の思想的活動を通して仔細に考察を加え、分析する必要がある。さもないと学んだことが自分の役に立たない。これが第三段階の“慎思”になる。第四段階は“明辨”である。学びとは分析すればするほど明瞭になってくるもので、それをしなければいわゆる“博学”も玉石混交、真偽を判じ難く、味噌も糞も一緒になる。“慎思”が自己を厳しく問い詰め批判することだとするなら、“明辨”は人と人が互いに厳しく問い詰め批判し合うことである。“篤行”は学びの最終段階であり、学び習得したらそれを実践すべく努力し、それによって学んだことが最終的に実践されて“知行合一”が達成されるようにしなければならない。

　一部の同志が「仕事が忙しくて勉強する時間がない」ことを理由に学習を疎かにしていることに対して、習近平が“博学之，審問之，慎思之，明辨之，篤行之”を提起したことはきわめて現実的意義がある。なぜならそれは科学的態度であり、また、仕事に取り組む姿勢を正す重要な内容でもあるからである。絶えず学習を強化してこそ、高い精神と確固たる理想・信念を持つことができる。

　かつて毛沢東は、「若い頃、『共産党宣言』などマルクス主義の書籍を3冊読んで特に感銘を受け、これは歴史に対する正しい解釈である、とマルクス主義への信念を確立した。それ以後、信念が揺らぐことはなかった」と述懐している。毛沢東は左翼路線に攻撃されその任を解かれたとき、三文字の言葉を吐いた。“読書去”（読書をしよう！）。読書することで毛沢東は、マルクス主義を中国の現実と結びつけようという信念を一層固めた。鄧小平は「学習を疎かにして仕事にかまけていると、考え方がありきたりになってしまう。変質はそれがきっかけになる」と言っている。「十年の動乱」[注2]の中で打倒され、江西省の新設のトラクター修理工場に下放させられたとき、鄧小平は古今内外の多くの書籍、特にマルクス、レーニンの多くの著作を紐解き、さらに毎日の出勤の道すがら、あるいは散歩の時間に中国の過去・現在・未来に思いを巡らし、

一層強固な信念と意志を持つようになった。国際共産主義運動が低調になっても、「マルクス主義は科学であり、これに同調する人は必ず増えるはずだ」というその信念は揺らがなかった。

　習近平は当時、1箱の書籍を携えつつ陝西省延川県梁家河村に配属されて行った。そのときの座右の銘は「まずは吾が身の修養から。知らざることあれば大いに恥じ、知を求むること渇を癒すが如し」であった。習近平はヒツジを放牧する傍ら読書に励み、地元の農民たちから「本の虫」、「勉強好き」と評価されていた。「多くの知識の土台はその頃築いたものだ」と自身も述懐している。

　学ぶことに長じて常に学習方法を改善しなければ、絶えず進歩しつつ人民のために奉仕するレベルと能力を高めることはできない。学ぶことに長じる、これこそ、いかなる困難も克服でき、常に生気を保っているという中国共産党員の長所である。指導的幹部には該博な知識が求められる。さもなくば、世界的視野を持ち、胸襟を開き、"海納百川，有容乃大"（海は百川を受け入れる。その度量があるからこそ大きくなれる）[注3]を成し遂げることはできない。詳らかに問い質し、じっくり考え、明確に分析し、一つひとつの注目すべき社会問題、理論上克服すべき問題、大衆が疑念を持つ問題を疎かにせず、問題意識を持って学習してこそ、実践の中に存在する矛盾を科学的に分析する理論と知識の要諦を学び取ることができ、着実に実践して目の前の苦境を改善してこそ、学習に真の効果をもたらすことができるのである。

注1：日訳：幅広く学習し、詳細に尋ね、慎重に考え、はっきり見分け、誠実に実行する。学んでいなければ学び、習得するまでやめてはいけない。質問していないことがあれば質問し、理解できるまでやめてはいけない。考えていないことがあれば考え、思い至るまでやめてはいけない。分析できないことがあれば分析し、判断がつくまでやめてはいけない。実行していないことがあれば実行し、着実に

なるまでやめてはいけない。人が1回でできることも100回やればできる。人が10回でできることも1000回やればできる。もしこれを成し得たら、愚かな者でも必ず賢明になり、軟弱な者も必ず強くなれるだろう。

注2：1966年の文化大革命から1976年の江青ら4人組逮捕に至る文革の10年を指す。

注3：清末にアヘン戦争で活躍した林則徐の座右の銘。

"博学之，審問之，慎思之，明辨之，篤行之"　　**271**

中国には"宰相必起於州部，猛将必発於卒伍"（宰相は必ず州部から出、猛将は必ず士卒から出る）（出典は本文参照）という諺があるが、現在の我々の幹部選抜システムも段階を踏んでいる。例えば、私自身、農村で働き、生産大隊の党支部書記になり、県・市・省・中央で任務に就いた。幹部は豊富な現場での経験があってこそ、大衆の観点に立ち、国情を知り、人民が何を求めているかを知ることができ、実践する中で各方面の経験と専門知識を蓄え、遂行能力と才能を強化できる。これが任務をしっかりこなす基本条件である。

──2013 年 3 月 19 日、BRICS 加盟国メディアの共同取材を受けたときの講話

"宰相必起於州部，猛将必発於卒伍"
——現場での経験は幹部が成長するための必須科目である

　習近平はBRICS加盟国メディアの共同取材を受けたとき、"宰相必起於州部，猛将必発於卒伍"という言葉を引用し、「優秀な指導的幹部になるには現場での豊富な経験が必要で、それがあってこそ、よりしっかりと大衆の観点に立ち、積極的に人民のために奉仕することができる」と指摘した。

　"宰相必起於州部，猛将必発於卒伍"という言葉の出典は『韓非子』顕学篇である。"宰"とは本来、君主の家宰の呼称であり、"相"とは補佐することである。すなわち家臣の頭領が国事を管掌することである。上記の言葉は「有能な宰相はいずれも地方の官吏からたたき上げた者であり、勇猛な将領も士卒からの生え抜きである」いう意味で、「文官であれ武官であれ、とりわけ国家の高級官僚・高級将校は必ず現場の経験を積んだ者から抜擢すべきである」という韓非子の人材登用理念を反映している。たたき上げの人材は、戦場の状況や庶民の苦しみをよく理解しており、より良い方針・政策を決定できるからである。そういう人材でない場合、政務を処理するにせよ、作戦を遂行するにせよ、机上の空論に陥り、国家の大事を誤ることになりかねない。

　"工欲善其事，必先利其器"（仕事をしようとするなら、まず、道具を鋭利にしなければならない）[注1]というが、どんなに機略縦横、学識豊富であろうと、高い志、非常な意気込みがあろうと、現場でその器を磨かなければ、それ以後の任務において大事をなすことはできない。孟子は"天将降大任於斯人也，必先苦其心志，労其筋骨……"（天が人に大任を与えようとするときは、必ずその精神を苦み、その筋骨を疲労させる）[注2]と言っているが、その意味は、人が大事業を成し遂げようとする前には、必ず困難・試練という山を越えなければならないということであり、指導的幹部にとって、そのような試練の第一歩は当然現場であろう。

歴史を俯瞰するに、赫赫たる成果を挙げた者は多くが現場からのたたき上げである。習近平も、現場で地道に任務をこなすことから始めて一歩ずつ歩んできた自分の経歴を引き合いに、人の成長は現場での鍛錬と実践による練磨を経ることが必要であることを立証した。

　現場からの幹部選抜を重んじることは中国共産党が一貫して強調し堅持してきた幹部対策上の方針であり、青年幹部が現場の任務に就き、困難を抱えた地域、複雑な環境、重要なポストに身を置いて、品性を高め、正しい気風を養い、能力を向上させるやり方は、党の幹部養成における成功体験である。青年幹部が現場で悪戦苦闘することは、単に品性を高め、正しい気風を養い、能力を向上させることができるだけでなく、より重要なのは、地に足をつけ、庶民の生活の実情を知り、庶民が考え、望み、必要とするところを知り、社会の現実を目の当たりにし、中国の国情を読み取ることができる点である。"紙上得来終覚浅，絶知此事要躬行"（書物から得たものは所詮浅薄なもので、事物を透徹して知ろうとするなら、実践しなければならない）^{注3}という言葉は、詩文に用いるだけでなく、国情や民生を知ることにも適用できる。

　現場での鍛錬は青年幹部の成長にとって必須科目であり、人間として成長し、大事をなす上で必ず通るべき道である。現場に根差し、大地をしっかり踏みしめてこそ、事業に確固たる基礎が備わる。見渡す限りの星空を仰ぎ、風雨虹彩を経験してこそ、時代に恥じない輝かしい業績を成し遂げることができるのである。

注1：出典は『論語』魏霊公。
注2：出典は『孟子』告子下。
注3：出典は南宋、陸游の『冬夜読書示子聿』。

"尚賢者，政之本也"（賢者を尊ぶことは、政治の大本である）（出典は本文参照）。各レベルの党員会と行政府は留学生対策に関する党と国の方針・政策を真摯に貫徹実行し、我が国の改革開放と社会主義現代化建設が差し迫って必要とする各レベル各方面の人材を一層大規模かつ効果的に養成しなければならない。

──2013 年 10 月 21 日、欧米同学会創立 100 周年祝賀大会における
　　スピーチ

"尚賢者，政之本也"

——国が差し迫って必要とする人材育成のために良い環境を造る

　習近平は欧米同学会創立 100 周年祝賀大会におけるスピーチで、民族復興の夢を実現するためにハイレベルな人材を養成することが重要であると強調し、「留学生にとって、帰国すれば活躍の場があり、国外に止まれば国に貢献する窓口があるようにしなければならない」と語りかけ、各レベルの党員会と行政府に、"尚賢者，政之本也"をしっかり頭に叩き込み、国が差し迫って必要とする人材を育成するために良い環境を整えるよう求めた。

　"尚賢者，政之本也"の出典は『墨子』尚賢上で、原文は"得意，賢士不可不挙；不得意，賢士不可不挙。尚欲祖述堯舜禹湯之道，将不可以不尚賢。夫尚賢者，政之本也"、すなわち「どんなときでも賢者は登用しなければならない。堯・舜・禹や湯王の道を継承しようとするなら、賢者を尊ばなければならない。賢者を尊ぶことは、政治の大本である」という意味である。"尚賢"とは賢者を尊重し、賢者に敬意を払うことで、国のために有徳にして有能な人材を登用することである。

　先進の思想家の中で、墨子は文武を兼ね備えた稀有な人材であったといえよう。哲学者・思想家・教育者であるのみならず、科学者・軍事家でもある。諸子百家の中で彼が打ち立てた墨家の学説は儒家・道家と鼎立し、儒家とともに「顕学」と称せられ、「儒家にあらざれば墨家なり」といわれる。『墨子』はある時期に一人が著述したものではなく、墨子の弟子や孫弟子たちが墨子の言行を記録したもので、その内容は、政治・軍事・哲学・倫理・論理・科学技術など各方面を網羅している。

　墨子には十大政治主張というものがあるが、"兼愛"が墨家思想の革新であるとするなら、"節用"と"尚賢"はそれを支える二つの支点である。「尚賢上」で探究された内容は政治と"尚賢"の関係であり、墨子は"尚賢"が政治の大本であると考えた。当時の王侯貴族や大臣たち

が国をしっかり統治できなかった根本原因は、賢者をうまく任用できなかったからである。そこで墨子は血統を重んじる家父長的観念を打破して、さまざまな階層から才能経験豊かな人物を登用し、もっぱら身内を登用することはこれを排するよう提案した。墨子のこういった考え方は、明らかに儒家の"親親有術，尊賢有等"（親族を愛するにしても、賢者を敬うにしても等級がある）[注1]という考え方を打破しており、血縁を基礎に打ち建てられた封建階級制度に衝撃を与えた。

　墨子の尚賢思想は「賢者こそが人材登用の唯一の基準」という中国文化における伝統を代表するもので、後世に大きな影響を与えた。『貞観政要』[注2]は"為政之要，惟在得人"（政治の要諦はただ人を得ることである）と言及し、『資治通鑑』[注3]は"為治之要，莫先於用人"（政治の要諦は人の任用に勝るものはない）と言っているが、いずれもが不易の道理である。人材は政治の要であり、中国共産党早期の指導者、陳独秀、祭和森、鄧中夏、張文天などもみな墨家のこの精神を尊び、毛沢東はなお一層、墨家のこの原則を肯定した。中国共産党が歩んだ100年近い闘いの歴史と新中国60年余りの建設の道のりは、どのような人間を登用するかが、事業の成否、国家の発展に関わる重大事であることを十分証明している。

　改革開放以来、党と政府は人材層の形成を非常に重視し、その選抜登用システムを絶えず整備してきた。2007年の17全大会報告では、さらに「人材強国戦略」、「科学教育興国戦略」、「持続可能発展戦略」を中国独自の社会主義を発展させる三大戦略と位置づけ、「世界一流の科学者や、科学技術界をリードする人材を生み出すよう努力し、第一線の新しいイノベーション型人材の育成に力を入れることによって、社会全体においてはイノベーションに向けたアイデアが競って迸り出るように、各方面ではイノベーション型人材が大量に出現するようにしなければならない」と強調した。

　習近平が各レベルの党員会と行政府に対して"尚賢者，政之本也"を

強調したその意図は、「人材こそが国を興し強くする根本であるということを十分認識した上で、自分自身に名伯楽たる眼光、劉備の三顧の礼の姿勢、秦王が５回拝跪して范雎^{注4}を得た胸襟を持たせることはもとより、我が国の改革開放と社会主義現代化建設が差し迫って必要とする各レベル、各種類の人材を一層大規模かつ効果的に養成しなければならない」ことを強調するためである。海外留学から帰国した人材も、中国本土で成長した人材も^{注5}、どちらも中国現代化建設に必要な人材になりうる。我々は人材を導入するために一層努力するのみならず、教育体制の改革を深め、人材養成モデルを刷新し、革新と実践の中で人材を発見し任用し、育成し鍛え、結集し一人前にすることによって、尽きることなく湧き出る「人材」というエネルギー資源を新しい国家の建設に提供しなければならない。

注1：出典は『墨子』非儒下篇。
注2：唐、太宗の言行録。
注3：北宋、司馬光が著した編年体の歴史書（戦国時代から唐末五代までを記述）。
注4：出典は『史記』范雎・祭沢列伝。
注5：原文は彼らを“海亀”、“土鱉”という語で表現している。

"致天下之治者在人材"（天下を治めることは人材次第である）（出典は本文参照）。人材は総合的国力を測る重要な指標であり、たくさんのハイレベルな人材がいなければ、全面的に小康社会を実現しようという奮闘目標と中華民族の偉大な復興という中国の夢を順調に実現することは難しい。

——2013 年 10 月 21 日、欧米同学会創立 100 周年祝賀大会におけるスピーチ

"致天下之治者在人材"
―― 人材は総合的国力を測る重要な指標である

　欧米同学会は各国に留学した中国人学生が帰国して結成した団体
で、1913 年 10 月に顧維鈞、梁敦彦、詹天佑、蔡元培、顔惠慶、王正廷、
周詒春などが共同発起人となって「学問、遊芸、友情、実行」をモッ
トーに立ち上げた。その主旨は、「内外の留学生を一致団結させ、国外
の進んだ科学・文化・知識と進歩的な思想・理念で国家の興隆と民族
の振興に貢献しよう」というものだった。党と国は従来から留学生に
対する活動を重視しており、欧米同学会創立 80 周年、90 周年の際には、
（当時総書記だった）江沢民、胡錦濤とも記念式典に出席し、重要なス
ピーチを行った。欧米同学会創立 100 周年祝賀大会において、習近平
は "致天下之治者在人材" と言う言葉を引用して国家建設における人材
の重要性を説明し、より一層知識を尊重し人材を尊重することがすなわ
ち民族復興の根本であることを強調した。

　"致天下之治者在人材" は北宋の学者胡瑗の『松滋県学記』が出典で、
原文は "致天下之治者在人材，成天下之材者在教化，教化之所本者在
学校"、すなわち「天下を治めることは人材次第である。天下の人材を
しっかり育てるのが教育であり、教化の根本は学校を造ることだ」とい
う意味である。

　胡瑗（993〜1059）は北宋の理学家・思想家・教育者であり、宋代理
学を確立した人物の一人である。王安石は胡瑗を「天下の英傑」と称し、
范仲淹[注] は「孔孟の衣鉢を継ぐ "蘇湖領袖"（江蘇省蘇州、浙江省湖州
を中心とした長江下流域、つまり江南地方の指導者）」と尊び、朱熹は
"百世可法"「子々孫々まで範となりうる」と述べた。胡瑗は教育によっ
て国家を興隆させる夢を抱き、一生を教育事業に捧げた。"致天下之治
者在人材" という言葉は、人材と教化と学校の内的結びつきという観点
から教育の重要性を述べ、また、人材と政治の間の弁証法的関係を明ら

280　　習近平の思想と知恵

かにし、国家の安泰において人材が果たす重要な役割に対する自身の独創的な見解、すなわち人材が輩出すれば国が栄え、国が栄えれば天下の英才を広く受け入れることができることを具体的に示した。古今内外の歴史の発展プロセスは、この論断を常に実証している。人材を得れば天下を手中に収め、優れた人材を登用すれば国は栄える。

習近平はスピーチの中で、中国近代留学史と欧米同学会の100年の歴史を回顧し、「近代留学史はそれぞれが理想とする中華を探し求めて奮闘した歴史である」と指摘し、「志を持った人々が次々と海外へ留学し、帰国しては社会に貢献した。帰国者の多くが中国共産党の指導する偉大な事業に身を投じ、中国における革命・建設・改革という歴史絵巻の中できわめて感動的かつ輝かしいページを描き上げた」と述べ、「留学生は党と人民の大切な財産であり、中華民族の偉大な復興を実現するための活力溢れる後継者である」と強調した。

グローバル化の時代では人材競争も国際化している。総合的国力の競争の根本は人材競争であり、人材競争はすでに総合的国力のせめぎあいにおける核心であるといってもよい。正にその意味で習近平は、「人材は総合的国力を測る重要な指標である」と言ったのである。

改革開放以来、とりわけここ10年近く、海外で学ぶ者がますます多くなっているが、我が中国の総合的国力の上昇とともに、帰国して国のために尽くす留学生もますます増えている。"致天下之治者在人材"、国は人材関係業務をきわめて重視しており、人材強国戦略を強力に実施し、一連の人材政策を打ち出しているが、その目的は、留学生にとって、帰国すれば活躍の場があり、国外に止まれば国に貢献する窓口がある、ように取り計らうことである。

習近平のスピーチは欧米同学会に向けられたものであるが、そこで指摘した人材とは海外にいる人材に限らず、およそ天下の英才すべてを指す。優れた人材は国の宝であり、人材は立国の大本であることを正しく認識し、国内外のあらゆる優れた人材を重く用い、うまく用いてこそ、

"致天下之治者在人材"　　**281**

民族復興の夢の順調な実現を期待できるのである。

注：北宋の政治家・文人。『岳陽楼記』の著者としても知られる。

主編・翻訳者略歴

主編

陳　錫喜（ちん　しゃくき）
中央マルクス主義理論研究＆建設プロジェクト主席専門家
国務院学位委員会学科評議チームメンバー
上海交通大学特任教授

翻訳者

三潴　正道（みつま　まさみち）
麗澤大学客員教授。NPO 法人『日中翻訳活動推進協会（而立会)』理事長。
上海財経大学商務漢語基地専門家。日中学院講師。
主な業績：著書

　　　　　『今、中国が面白い』（僑報社）、『時事中国語の教科書』（朝日
　　　　　出版社）、『論説体中国語読解力養成講座』（東方書店）、ビジネ
　　　　　スリタラシーを鍛える中国語Ⅰ、Ⅱ（朝日出版社）など。

　　　　ネットコラム

　　　　　『現代中国放大鏡』（グローヴァ）、『中国「津津有味」』（北京日
　　　　　本商会)、『日中面白異文化考』（チャイナネット)、『日中ビジ
　　　　　ネス「和睦相処」』（東海日中貿易センター)、『日中異文化「どっ
　　　　　ちもどっち」』（JST)

習近平の思想と知恵

2018 年 4 月 24 日　初版第 1 刷発行

主　　編	陳錫喜	
主　　審	張　曦	
編　　著	丁暁萍　汪雨申　黄慶橋	
翻　　訳	三潴正道	
発 行 者	向安全	
発　　行	科学出版社東京株式会社	

〒113-0034　東京都文京区湯島 2 丁目 9-10　石川ビル 1 階
TEL 03-6803-2978　FAX 03-6803-2928
http://www.sptokyo.co.jp

組版・印刷・製本　モリモト印刷株式会社
ISBN 978-4-907051-23-5 C0012

《平易近人：習近平的語言力量》© Chen Xixi 2014.
Japanese copyright © 2018 by Science Press Tokyo Co., Ltd.
All rights reserved original Chinese edition published by SHANGHAI JIAO TONG UNIVERSITY PRESS.
Japanese translation rights arranged with SHANGHAI JIAO TONG UNIVERSITY PRESS.

定価はカバーに表示しております。
乱丁・落丁は小社までお送り下さい。送料小社負担にてお取り替えいたします。
本書の無断転載・模写は、著作権法上での例外を除き禁じられています。